Wolfgang Benz

DER DEUTSCHE
WIDERSTAND
GEGEN HITLER

Verlag C.H.Beck

Originalausgabe
© Verlag C.H.Beck oHG, München 2014
Satz: Fotosatz Amann, Memmingen
Druck und Bindung: Druckerei C.H.Beck, Nördlingen
Umschlagentwurf: Uwe Göbel, München
Umschlagabbildungen: Georg Elser (SZ-Photo),
Claus von Stauffenberg (akg-images),
Helmuth von Moltke (akg-images), Sophie Scholl (ullstein bild)
Printed in Germany
ISBN 978 3 406 66106 8

www.beck.de

Inhalt

1. Definition und Terminologie

Widerstand gegen das Gewaltregime, gegen den Staat, der Unrecht propagiert und Verbrechen begeht, gegen Machthaber, die Menschenrecht und Menschenwürde mit Füßen treten, ist legitim und notwendig. Das wissen wir, seit der Nationalsozialismus als Ideologie zur Herrschaft kam. Im patriotischen Überschwang von vielen bejubelt, nach der Errichtung der Diktatur und mit abnehmendem Kriegsglück von Ernüchterten abgelehnt, aber nur von wenigen bekämpft, gab es je länger desto weniger Möglichkeiten zu einem Widerstand, der das Regime beendet hätte. Aber das System des Terrors, das mit der Gestapo, den Konzentrationslagern und dem «Führerwillen» Kritik unterband und Kritiker verfolgte, existierte nicht von Anfang an, erst die Hinnahme durch die Mehrheit und das Schweigen der Minderheit machte das Funktionieren des Unterdrückungsapparates möglich.

Die Lehre aus der Geschichte lautet, dass Widerstand beizeiten notwendig ist. Und Widerstand ist rechtmäßig, das ist ein Gebot demokratischer Überzeugung, die Demokratie bewahren will. Aber was eigentlich ist Widerstand, wo beginnt er, wo hat er Grenzen? Ist nur Tyrannenmord und dessen Vorbereitung wahrer Widerstand oder beginnt Widerstand schon mit dem Flüsterwitz, der «den Führer» oder seine Gesellen lächerlich macht? Die Planung und Durchführung eines Attentats, das die Person des Befehlsgebers beseitigen sollte, wie es der Schreinergeselle Georg Elser 1939 unternahm, war eine Widerstandshandlung, daran ist kein Zweifel möglich. Beim Witz ist es schwieriger. Wer einem Bekannten, dem er vertraute, dessen Gesinnung er kannte, eine Sottise über Hitler, Göring oder Goebbels zuraunte, war gewiss kein Mann des Widerstands. Wer den gleichen Scherz auf öffentlicher Bühne vor Publikum riskierte, war sich jedoch bewusst, dass das gefährlich war und nach dem Applaus böse Folgen haben konnte.

Widerstand gegen das Unrechtsregime ist also mehr als nur Verweigerung, als schweigende Ablehnung, mehr als das Einverständnis gegen die Nationalsozialisten im gleichgesinnten Milieu, mehr als die Verurteilung des Diktators und seiner Gehilfen im geschlossenen Kreis. Aus der Ablehnung des Regimes wird Widerstand durch das Bekenntnis und die Bereitschaft, Konsequenzen der Haltung und Handlung zu tragen. Ein zentrales Element von Widerstand ist die Gefährdung dessen, der sich erkennbar auflehnt. Eine Voraussetzung ist die Bewahrung eigener Identität, das Festhalten an Normen und Werten, die Verweigerung von Anpassung und Kompromiss, wie es des Vorteils, des Friedens, des Fortkommens wegen von der Mehrheit praktiziert wurde. Widerstand ist mehr als das Beharren auf persönlichen Einstellungen, die mit der Räson des Regimes nicht übereinstimmten. Aber ohne eigene Haltung und Orientierung war kein Widerstand möglich.

Widerstand leistete so der 28-jährige Ludwig Gehm als Kurier des «Internationalen Sozialistischen Kampfbundes». Gehm war in Frankfurt am Main Koch in einem Restaurant, das der Tarnung des Widerstands diente. Beim Gemüseeinkauf auf dem Markt verteilte er Flugblätter. An Wochenenden fuhr er mit seinem Motorrad zu geheimen Treffen mit Gesinnungsgenossen, brachte gefährdete Menschen ins Ausland und transportierte auf dem Rückweg von Paris illegale Propagandaschriften nach Frankfurt. Vier Jahre lang, bis zur Verhaftung 1937, betätigte sich Ludwig Gehm als listiger und unermüdlicher Gegner der Nationalsozialisten. Er büßte dafür im Zuchthaus und im KZ.

Verweigerung (als persönliche Abwehr von Herrschaftsanspruch und Selbstbehauptung von Gruppen), Opposition (als Haltung grundsätzlicher Gegnerschaft) und Widerstand als bewusstes Handeln waren die Formen, in denen sich eine kritische und gegnerische Einstellung zum NS-Regime äußern konnte. Julius von Jan, evangelischer Pastor im württembergischen Oberlenningen, 41 Jahre alt, konnte es mit seinem Gewissen nicht vereinbaren, in stiller Empörung zu verharren, als er von den Novemberpogromen hörte. Er nutzte den Bußtag am 16. November 1938, eine Woche nach der «Reichskristallnacht», in der die

Synagogen brannten und Juden gequält, beraubt und gedemütigt wurden, zu einer Predigt. Sie war eine Kundgebung gegen den staatlich angeordneten Antisemitismus und gegen den NS-Staat. Im Schlussgebet bat er Gott, «dem Führer und aller Obrigkeit den Geist der Buße» zu schenken. Julius von Jan wurde wenig später von SA-Männern verprügelt, dann verhaftet und zu 16 Monaten Gefängnis verurteilt. Die Haltung des Pfarrers von Jan war die gleiche, die später die Männer und Frauen des «Kreisauer Kreises» zusammenführte und die Männer des 20. Juli. Die eine Gruppe, die Kreisauer, die Gewalt ablehnte, plante eine neue Staats- und Gesellschaftsordnung für die Zeit nach Hitler, das war so gefährlich wie die Verabredung des Goerdeler-Kreises zum gewaltsamen Sturz der Naziherrschaft.

Auch die Historiker haben Probleme mit der Definition von Widerstand gegen den Nationalsozialismus. Im Westen, in der Bundesrepublik, herrschte lange Zeit die Vorstellung, es sei ein «Widerstand ohne Volk» gewesen, den nur wenige Angehörige traditioneller Eliten geleistet hätten, während «das Volk» teils in Begeisterung zum Regime verharrte oder es einfach erduldete. In der DDR wurden die Aktionen der Kommunisten als alleingültiger Antifaschismus glorifiziert. Um die Verweigerung, die sich im Kampf um Kruzifixe in den Schulen, in der Vermeidung des «Heil-Hitler-Grußes» oder durch das Hören ausländischer Rundfunksender ausdrückte, um schließlich alle Haltungen von Opposition in den Widerstand einzubeziehen, wurde der Begriff «Resistenz» vorgeschlagen. Ihm waren folgende Merkmale zugeordnet: «Wirksame Abwehr, Begrenzung, Eindämmung der NS-Herrschaft oder ihres Anspruchs, gleichgültig von welchen Motiven, Gründen und Kräften her» (Martin Broszat). Diese Begriffbestimmung aus den frühen 1980er Jahren hat sich nicht durchgesetzt. Der schwerstwiegende Einwand dagegen lautet, dass fast jedes nicht regimekonforme Alltagsverhalten, ohne Rücksicht auf die Motive, unter diesen «erweiterten Widerstandsbegriff» falle, dass somit jeder, der dem NS-Regime nicht ständig Beifall spendete, schon Widerstand geleistet hätte.

Um der damaligen Wirklichkeit zu entsprechen und um den verschiedenen Formen von Opposition gerecht zu werden, muss man Widerstand im eigentlichen Sinn nicht nur als Haltung definieren, sondern als Handeln, das auf grundsätzlicher Ablehnung des Nationalsozialismus beruhte, das aus ethischen, politischen, religiösen, sozialen oder individuellen Motiven darauf abzielte, zum Ende des Regimes beizutragen. Voraussetzung und Anlass war eine Haltung von Dissens zum NS-Regime (Ian Kershaw) oder von «weltanschaulicher Dissidenz» (Richard Löwenthal). Daraus wurde Widerstand, wenn die Haltung sich zur Absicht verdichtete, eine Änderung der Verhältnisse herbeizuführen, das Hitler-Regime zu beenden. Widerstand im eigentlichen Sinne war dann jeder «bewußte Versuch, dem NS-Regime entgegenzutreten» (Christoph Kleßmann) und die damit verbundenen Gefahren auf sich zu nehmen.

2. Verweigerung, Selbstbehauptung, Opposition, Widerstand: Formen regimekritischen Verhaltens im «Dritten Reich»

Opposition gegen den nationalsozialistischen Unrechtsstaat gab es in vielen Formen: Sie reichten von der individuellen alltäglichen Verweigerung gegenüber dem Verfügungsanspruch des totalen Staates über den Selbstbehauptungswillen von Gruppen bis zum politischen Widerstand, der den Sturz des Regimes und die Beseitigung der NS-Ideologie zum Ziel hatte. Die Motive des Widerstands waren so vielfältig wie die Personen und Gruppen, die ihn leisteten. Auch in ihren Zielen und Plänen für eine Neuordnung des politischen Lebens nach Hitler stimmten die Gruppierungen des Widerstands nicht überein. Viele waren sicher keine Anhänger einer parlamentarischen Demokratie nach unserem Verständnis. Ihre Vorstellungen reichten von einem monarchischen über einen ständischen Staat und verschiedenen demokratischen Staatsformen bis hin zu einer kommunistischen Gesellschaft. Schon wegen ihrer unterschiedlichen Weltanschauungen, politischen und sozialen Bindungen konnten die Regimekritiker keine geschlossene Front gegen den Nationalsozialismus bilden. Zudem entwickelte sich Widerstand zu verschiedenen Zeiten. Der frühe Widerstand der Arbeiterbewegung war schon zerrieben, als die bürgerlichen Eliten in Opposition zum Regime traten. Es brauchte noch einmal Zeit, bis Militärs, Beamte, Diplomaten sich entschlossen, den Sturz des Diktators und eine neue Staatsordnung zu planen.

Das lange Zögern haben Nachgeborene den Widerstandskämpfern zum Vorwurf gemacht. Zu bedenken bleibt aber, dass alle Arten von Opposition, von der stillen Verweigerung bis zum militanten Widerstand, vom nationalsozialistischen Regime als Verrat diffamiert, als Pflichtverletzung oder Treuebruch gebrandmarkt worden sind. Den Gehorsam zu verweigern, gehörte nicht zur Tradition und Erziehung der meisten Deutschen. Der NS-Staat verfügte gegen die, die sich auflehnten, über Zwangsmittel, Terrorgesetze und Strafen, die er bedenkenlos einsetzte.

Die Wirklichkeit des NS-Staats war sehr viel komplizierter als das Bild «alle Deutschen waren Nazis» und sein Gegenteil, die Selbstrechtfertigung, nach der die Deutschen (noch vor den Österreichern) die ersten Opfer der Nationalsozialisten gewesen sein wollten. Die historische Realität war zum erheblichen Teil durch den Terror der NS-Diktatur bestimmt. Widerstand dagegen bedeutete Gefährdung, nicht nur der eigenen Person, sondern auch der Familie, möglicherweise auch von Verwandten und Freunden. Daraus ergab sich ein eigener Zwiespalt: Es gibt keine Pflicht zum Heldentum, aber wie viel Unrecht, Verfolgung und Zwang, wie viel Verletzung der Menschenrechte kann und darf der Einzelne hinnehmen? Hilfe für Verfolgte war nach den Gesetzen des NS-Staats strafbar. Das Minimum an Menschlichkeit, das ungefährdet geleistet werden konnte, war deshalb auch ein Zeichen von Opposition gegen den umfassenden Verfügungsanspruch des NS-Staats.

Die Bezeichnung Widerstand fasst als Oberbegriff verschiedenartige Einstellungen, Haltungen und Handlungen zusammen, die gegen den Nationalsozialismus als Ideologie und praktizierte Herrschaft gerichtet waren. Im weitesten Sinn sind darunter die ins Exil geflohenen Antifaschisten ebenso zu verstehen, die wenig oder keine Möglichkeit hatten, etwas ähnlich Entscheidendes gegen die Regierung Hitlers zu unternehmen, wie die Männer, die das Attentat des 20. Juli 1944 planten. In einem weiteren Sinne könnte man damit auch diejenigen zum Widerstand rechnen, die sich weder durch Lockung noch durch Zwang vom Nationalsozialismus vereinnahmen ließen; die ihre geistige Unabhängigkeit, ihre demokratische oder rechtsstaatliche Überzeugung, die Werte und Normen ihres Milieus – etwa im Rahmen der Arbeiterbewegung oder innerhalb kirchlicher und sonstiger religiöser und weltanschaulicher Bindungen – bewahrten und verteidigten.

Im engeren Sinne ist aber zwischen den kritischen bis abweisenden Haltungen der Verweigerung und Selbstbehauptung einerseits und den bewussten Anstrengungen zur Änderung der Verhältnisse andererseits zu unterscheiden. Opposition gegen das Unrechtsregime war noch nicht gleichbedeutend mit persönlichem Einsatz und den damit verbundenen Gefährdungen. Diesen setzte sich jeder aus, der mit Flugblättern, Wandparolen, als Kurier zu Regimegegnern im Ausland aktiv war oder einem Verschwörerkreis angehörte, in dem der Sturz der Diktatur und eine neue Staats- und Gesellschaftsordnung geplant wurden.

Verweigerung (als individuelle Abwehr des nationalsozialistischen Herrschaftsanspruchs und als Selbstbehauptung von Gruppen), Opposition (als Haltung grundsätzlicher Gegnerschaft) und Widerstand als bewusstes Handeln waren die unterschiedlichen Ausdrucksformen einer kritischen und gegnerischen Einstellung zum NS-Regime. Sie bauten aufeinander auf und steigerten sich von der passiven Abwehr zum aktiv verwirklichten Wunsch nach Veränderung des Regimes.

3. Widerstand der Arbeiterbewegung

Ideologische Gegnerschaft, aber auch parteipolitische Konkurrenz bildeten die Triebkräfte des Widerstands der Arbeiterbewegung gegen die NSDAP Adolf Hitlers von Anfang an. Freilich
waren die Kräfte der SPD und der KPD in erheblichem Maße in
der Abgrenzung eigener Positionen – Verwahrungen der Sozialdemokraten gegen links und Kampf der KPD gegen die als «Sozialfaschisten» diffamierten Sozialdemokraten – gebunden. Die
linken Gruppierungen zwischen dem Kommunismus und der
Sozialdemokratie (Sozialistische Arbeiterpartei Deutschlands,
Neu Beginnen, Internationaler Sozialistischer Kampfbund) waren konsequente Gegner der NSDAP, allerdings war ihre nume-
rische Stärke gering. Die intransigente Gegnerschaft der KPD
zum parlamentarisch-demokratischen System schloß Sozialdemokraten zwangsläufig ein, diese wiederum waren durch ihren strik-
ten Legalitätskurs auch angesichts regierungsamtlicher Verfas-
sungsbrüche wie dem «Preußenschlag» vom 20. Juli 1932, dem
Staatsstreich der Reichsregierung unter Reichskanzler Franz
von Papen gegen die sozialdemokratisch geführte preußische
Staatsregierung unter Ministerpräsident Otto Braun, an wirk-
samen Widerstandsaktionen (wie etwa einem Generalstreik) ge-
hindert.
   Der nationalsozialistische Wahlerfolg im Herbst 1930 hatte
zur Wiederbelebung des 1924 als Selbstschutzorganisation der
demokratischen Linken gegründeten politischen Kampfverbands
«Reichsbanner Schwarz-Rot-Gold» geführt. Offiziell überpar-
teilich, war die Organisation fast ganz von der SPD getragen, sie
stellte vier Fünftel der rund drei Millionen Mitglieder, die mit
der SA, dem Stahlhelm und anderen Bürgerkriegsarmeen um die
Herrschaft auf der Straße rangen. Gründer und Bundesvorsit-
zender bis 1932 war der Oberpräsident der Provinz Sachsen,
Otto Hörsing, dem Karl Höltermann, sozialdemokratischer

Journalist und Weltkriegsfreiwilliger des Jahrgangs 1894, folgte. Die eigentliche Truppe des Reichsbanners bildeten die «Schutzformationen (Schufo)» mit bis zu 400 000 Mitgliedern, die sich aktiv an den bürgerkriegsartigen Kämpfen in der Endphase der Weimarer Republik beteiligten und sie gegen Extremisten von rechts und links zu verteidigen versuchten.

Nach dem Papen-Streich vom Juli 1932 verfiel das Reichsbanner zunehmend in Resignation. Gegen die Koalition der bürgerlichen Rechten mit Hitler war im Dezember 1931 die Eiserne Front als «Wall von Menschenleibern» gegen die faschistische Gefahr gegründet worden. Geführt von Höltermann, sollten sich die Kräfte von SPD, Freien Gewerkschaften, Reichsbanner und Arbeitersportlern in einem republikanischen Bündnis vereinigen. Es schlossen sich freilich nur noch Organisationen der linksliberalen DDP (Staatspartei) an. Den Kern der Eisernen Front bildeten Einheiten der Schufo. Legalismus und Entschlusslosigkeit der Führung unterbanden Aktionen des Reichsbanners bzw. der Eisernen Front gegen die Machtübernahme Hitlers. An der Basis indessen waren Widerstandsaktionen bis ins Frühjahr 1933 hinein immer wieder gefordert worden.

Linke Publizisten und der Arbeiterbewegung nahestehende Intellektuelle hatten früh vor den Nationalsozialisten gewarnt und zum Widerstand aufgerufen. Kurt Tucholsky schrieb 1930 im Gedicht «Deutschland erwache», dass «der Nazi dir einen Totenkranz flicht: Deutschland siehst du das nicht?» Carl von Ossietzky kämpfte ebenfalls in der «Weltbühne» gegen die Hitlerpartei. Er kam im März 1933 ins KZ und starb nach fünfjähriger Haft 1938 unter Gestapo-Aufsicht im Krankenhaus an den Folgen. Künstler und Intellektuelle vor allem der Linken engagierten sich für die Republik, den Rechtsstaat, für Demokratie und Frieden. Der Mathematiker Emil Julius Gumbel dokumentierte seit den frühen 1920er Jahren rechtsradikale Morde, machte sich dadurch verhaßt und musste schon 1932 ins Exil. Schlimmer als Gumbel erging es dem Philosophen Theodor Lessing, der bereits 1926 wegen Kritik an Hindenburg, als exponierter Linker, Pazifist und Kämpfer gegen Rechtsradikalismus seine außerordentliche Professur an der TH Hannover de facto verloren hatte. Lessing floh im Frühjahr 1933 ins Exil nach Prag, Ende August wurde er dort von Nationalsozialisten ermordet.

1932 veröffentlichte Ernst Niekisch, ehemaliger Sozialdemokrat und Mittelpunkt einer elitären Oppositionsbewegung mit nationalkonservativen und nationalbolschewistischen Elementen, seine Warnung «Hitler. Ein deutsches Verhängnis». 1937 wurde er, dessen Zeitschrift «Widerstand. Blätter für national-revolutionäre Politik» schon seit 1934 verboten war, zu lebenslänglichem Zuchthaus verurteilt. Die Rote Armee befreite ihn 1945.

Erich Mühsam, der idealistische Anarchist, Schriftsteller und Bühnenautor, beschwor als einer der Ersten die Arbeiterparteien SPD und KPD zum gemeinsamen Kampf gegen Hitler. In seiner Zeitschrift «Fanal», die er 1926 als Forum des Kampfes gegen Politik und Justiz einer nach rechts driftenden Republik gegründet hatte, plädierte er für die Einheitsfront aller antifaschistischen Kräfte: «Die einzige Kraft, die imstande wäre, Hitlers Machtergreifung zu verhindern, ist der verbundene Wille der vom Nationalsozialismus nicht verwirrten deutschen Arbeiterschaft.» Diesem ebenso frühen wie vergeblichen Appell ließ Mühsam 1929 als Warnung an SPD und KPD die Vision folgen, die 1933 Realität wurde: Eine schreckliche Zeit werde kommen, «wenn der Tanz des Dritten Reiches losgeht, wenn die Auflösung aller Arbeiterkoalitionen von irgendeinem Hitler, Frick oder anderem verhängt wird, wenn die standrechtlichen Erschießungen, die Pogrome, Plünderungen, Massenverhaftungen das Recht in Deutschland darstellen». Schon in der Nacht des Reichstags-brandes wurde Mühsam verhaftet und nach monatelangen Misshandlungen im KZ Oranienburg ermordet.

Auch mit juristischen Mitteln konnte Widerstand gegen das Aufkommen des Nationalsozialismus geleistet werden. Hans Achim Litten, ein junger Anwalt aus bürgerlich-konservativem Hause, engagierte sich in Berlin, ohne Mitglied einer Partei zu sein, als Rechtsbeistand im Rahmen der Roten Hilfe Deutschland für Proletarier, die aus politischen Gründen vor Gericht ge-

rieten. Litten war Widerstandskämpfer geworden durch die
Übernahme von Mandaten gegen Nationalsozialisten. Im «Fel-
seneck-Fall» hatten 150 SA-Männer eine Kleingartenkolonie
überfallen und zwei Todesopfer zurückgelassen. Litten rekons-
truierte den Tathergang und brachte wenigstens fünf Nationalsozialisten vor Gericht. Im November 1930 hatte der berüchtigte
Berliner SA-Sturm 33 ein Arbeiterlokal, den «Edenpalast»,
überfallen und vier Männer schwer verletzt. Litten vertrat sie
als Nebenkläger, ließ Hitler als den verantwortlichen Chef der
NSDAP in den Zeugenstand laden, wo er ihn arg in die Enge
trieb. Litten beabsichtigte den Nachweis, dass die Gewaltakte
der SA nicht Exzesse der unteren Ebene waren, dass Gewalt
vielmehr als Mittel zur Durchsetzung der politischen Ziele von
der Parteiführung nicht nur gebilligt, sondern geplant war. Es
gelang Litten, Hitler zur öffentlichen Distanzierung vom Berliner Gauleiter Goebbels zu zwingen. Es war der spektakulärste,
aber keineswegs der einzige derartige Fall in Littens Anwalts-
praxis. Die Nationalsozialisten rächten sich grausam für das
peinliche Kreuzverhör Hitlers. In der Nacht zum 28. Februar
1933 wurde Litten verhaftet. Die folgenden fünf Jahre bis zu
seinem Tod im KZ Dachau verbrachte er in Zuchthäusern und
Konzentrationslagern.

Mit den Waffen Ironie und Satire, Hohn und Spott, schließlich mit dem Pathos der Verzweiflung versuchten antifaschistische Künstler dem Publikum, das sich mehr und mehr für die
Bewegung der braun Uniformierten begeisterte, die Augen zu
öffnen. Wegen ihres künstlerischen Rangs sind die antifaschistischen Grafiken und Bilder von George Grosz legendär, nicht
minder die Fotomontagen von John Heartfield. Beide gehörten
der KPD an und verstanden sich als Klassenkämpfer und Strei-
ter wider Reaktion und Faschismus in der Weimarer Republik.
John Heartfields Medien waren das politische Plakat und die
«Arbeiter-Illustrierten-Zeitung». Zusammen mit Grosz arbeitete Heartfield auch für den Malik-Verlag seines Bruders
Wieland Herzfelde, das bedeutendste literarische und künstleri-
sche Forum der revolutionären Linken bis 1933. Dort erschien
1932 auch die wegen ihres unorthodox-marxistischen Stand-

punkts wenig beachtete Analyse Ernst Ottwalts «Deutschland erwache!»

Ernst Toller schrieb in der Festungshaft, in der er für seine Mitwirkung an der Münchner Räterepublik von 1919 büßte, 1923 die Komödie «Der entfesselte Wotan», in der Adolf Hitler als besessener Friseur figuriert. Das Stück, 1926 in Berlin uraufgeführt, hatte keinen Erfolg. Man nahm Hitler nach dem Münchner Operettenputsch nicht mehr oder noch nicht wieder ernst. Die Karriere des späteren «Führers» hatte Toller freilich visionär vorweggenommen. Ganz früh, 1923, ist auch Paul Kampffmeyers Schrift «Der Faschismus in Deutschland» erschienen. Lion Feuchtwanger zeichnete in seinem 1930 veröffentlichten Zeitroman «Erfolg. Drei Jahre Geschichte einer Provinz» ein minutiöses Bild der damaligen politischen Landschaft in Bayern, in dem Hitler als Rupert Kutzner, als Führer der «wahrhaft Deutschen», nicht weniger lächerlich als gefährlich geschildert ist. Der Aufstieg Hitlers, der Putschversuch von 1923, das Auftrumpfen im Prozess 1924, Begeisterung und Zustimmung der Anhänger erscheinen als bemitleidenswertes wie verabscheuungswürdiges Konglomerat von nationalistischer Aufwallung, Desorientierung, Sehnsucht nach heiler Welt, gepredigt von einem Schmierenkomödianten, dessen Gesten einstudiert sind, der ein feiger Maulheld ist, getrieben von Ehrgeiz und Sendungsbewusstsein: «Reden war der Sinn seiner Existenz.» Zum Bild Feuchtwangers gehört aber auch schon die Ermordung des Dienstmädchens Malie Sandhuber, die als vermeintliche Verräterin Opfer eines nationalsozialistischen Fememordes wird.

Die Kommunistische Partei

Als einzige Partei bereitete sich die KPD frühzeitig auf die Fortsetzung ihres Kampfes gegen die NSDAP für den Fall der Machtübernahme durch Hitler vor. Die KPD gedachte, den Widerstand gegen Hitler aus dem Untergrund zu führen, und rüstete sich für ein Leben in der Illegalität. Verstecke für Mitgliederkarteien, Waffen, Vervielfältigungsgeräte und Papier zum Druck

von Flugblättern wurden organisiert, die zentralisierte Partei-
bürokratie richtete sich auf das Fortbestehen als Geheimorgani-
sation ein. Von den kleinsten Einheiten, den Straßen-, Stadtteil-,
Betriebszellen, über Orts- und Bezirksleitungen bis zum Zentral-
Komitee sollte die Parteiorganisation nach einem Machterhalt
der Nationalsozialisten im Untergrund arbeiten. Die deutschen
Kommunisten glaubten, gelenkt von der Kommunistischen Internationale (Komintern) in Moskau, darauf eingerichtet zu sein,
mit Propagandamitteln im Alleingang den Nationalsozialismus
zu überwinden. Zu den falschen Voraussetzungen für den Kampf
gehörte die fortdauernde Frontstellung gegen die Sozialdemokraten, die von der KPD als «Sozialfaschisten» diffamiert und
wie die NSDAP als Feinde gesehen wurden. Falsch war auch die
Annahme, die Hitler-Regierung werde bald abgewirtschaftet
haben. Unter politischem Widerstand verstanden die Kommunisten in den beiden Anfangsjahren des NS-Regimes auch und
vor allem die Demonstration ihrer Fortexistenz, das verlustrei-
che Zeigen von Präsenz aus der Illegalität sowie spektakuläre
Propaganda-Aktionen.

Die Kommunisten waren dem Terror, der unmittelbar nach
Hitlers Regierungsübernahme hereinbrach, nicht gewachsen. Die
Vorstellung, aus dem Untergrund heraus nicht nur den Nationalsozialismus zu besiegen, sondern auch eine durch ihn herbei-
geführte revolutionäre Situation zu eigenen Gunsten ausnützen
zu können, erwies sich sehr rasch als Illusion. Die Nationalsozialisten nutzten den Reichstagsbrand in der Nacht des 27. Februar 1933 zum Verbot der KPD und zur gnadenlosen Jagd auf
kommunistische Funktionäre. Für die NS-Propaganda stand
fest, dass «die Kommunisten» das Reichstagsgebäude angezün-
det hatten. Für die daraus abgeleiteten Verfolgungen fanden die
Nationalsozialisten Beifall auch außerhalb der eigenen Reihen.
Bereits in den ersten Märzwochen wurden 11000 Kommunisten verhaftet. Im Juni 1933 waren mehr als die Hälfte (17 von
28) der Bezirksleiter der KPD nicht mehr in Freiheit, ebenso
mehr als ein Drittel der Abgeordneten des Reichstags und des
Preußischen Landtags.

Die Parteiführung der KPD wurde geteilt: Im Juni 1933 verlegte die Partei einen Teil des Politbüros ins Ausland; als «Auslandsleitung» etablierten sich Wilhelm Pieck (1949–1960 Präsident der DDR), Franz Dahlem und Wilhelm Florin in Paris. Walter Ulbricht (1953–1971 Parteichef der SED in der DDR) und drei andere Mitglieder blieben als «Inlandsleitung» in Berlin. In grenznahen Orten des Auslands (Tschechoslowakei, Niederlande, Dänemark) und im Saargebiet (das noch bis 1935 unter Völkerbundsverwaltung stand) errichtete die KPD «Grenzstützpunkte». Von hier aus wurden Propagandaschriften nach Deutschland geschleust. Diese Stützpunkte dienten auch als Anlaufstellen für flüchtende Funktionäre und als Relaisstationen zwischen den Aktivisten im deutschen Untergrund und der Emigration.

Der Kampf gegen die Nationalsozialisten wurde mit Flugblättern und Kleinzeitungen, Streuzetteln und Broschüren geführt. Sie wurden zunächst heimlich in Deutschland hergestellt, dann aber in zunehmendem Maße im Ausland gedruckt und unter großen Gefahren eingeschmuggelt und verteilt. Die Kommunisten erhofften sich davon eine zweifache Wirkung: zum einen die Stärkung des Selbstbewusstseins in den eigenen Reihen; zum anderen sollten Schriften, z. B. über das KZ Dachau, den Deutschen die Augen öffnen und sie für den kommunistischen Widerstand gewinnen.

Gelegentlich machte die KPD durch aufsehenerregende Aktionen darauf aufmerksam, dass es sie noch gab: etwa durch rote Fahnen, die an Fabrikschornsteinen gehisst wurden, durch Sprechchöre auf Berliner Hinterhöfen und anderes mehr. So riskant und verlustreich diese Aktionen waren, so gering war doch ihre Wirkung. Während sich das NS-Regime festigte, lichteten sich die Reihen der Kommunisten immer schneller, ohne dass ihre massenhaft verbreiteten Druckschriften dem Nationalsozialismus geschadet oder den Kommunisten Verbündete aus anderen Oppositionskreisen eingebracht hätten. Die Gefängnisse, Zuchthäuser und Konzentrationslager füllten sich mit Kommunisten, die Führungspositionen der illegalen KPD mussten immer rascher neu besetzt werden.

Im August 1935 wurde im Anschluss an den Kongress der

Kommunistischen Internationale in Moskau eine Änderung der Taktik beschlossen. Die «Brüsseler Konferenz» (so lautete die Tarnbezeichnung für das Treffen deutscher Kommunisten in Moskau) stellte die Weichen neu: An die Stelle der Material-schlacht durch Druckschriften sollte Überzeugungsarbeit in den Betrieben treten, um unzufriedene Arbeiter über Kritik an der Sozialpolitik des NS-Staats als Verbündete zu gewinnen.

Von einem durch die KPD straff organisierten Widerstands-kampf auf breiter Front gegen den Nationalsozialismus, wie er später als Staatslegende der DDR propagiert wurde, konnte in Wirklichkeit auch nach 1935 keine Rede sein. Die Propaganda-Aktivitäten hatten sich weitgehend ins Exil verlagert. Die noch in Deutschland operierenden kommunistischen Widerstands-kämpfer arbeiteten seit dem Ausbruch des Zweiten Weltkriegs eigenständig. Ein Teil der aus KZ und Haftanstalten zurückge-kehrten Funktionäre nahm den Kampf wieder auf, bildete neue Organisationen auf regionaler und lokaler Ebene und versuchte auch die Vernetzung einzelner Gruppen. In Leipzig existierte um den Werkzeugschlosser Georg Schumann, der ehemals Reichs-tagsabgeordneter der KPD gewesen war, eine kommunistische Widerstandsorganisation. In Hamburg gab es die Bästlein-Gruppe. Sie existierte mit etwa 200 Mitgliedern (überwiegend KPD-Funktionäre, einige Sozialdemokraten und andere) von 1940 bis 1942. Leiter war der ehemalige Abgeordnete des Preu-ßischen Landtags Bernhard Bästlein. Oskar Reincke gehörte ne-ben Franz Jacob zu den führenden Köpfen der Gruppe. Wie Bästlein hatten sie Zuchthausstrafen oder KZ-Haft als kommu-nistische Funktionäre hinter sich. Kontakte gab es auch zu an-deren Gruppen, wie dem Kreis um Robert Uhrig und Beppo Römer, der in besonderer Weise charakteristisch dafür war, dass ab Kriegsbeginn der kommunistische Widerstand nicht mehr bedingungslos den Vorgaben der Parteileitung im Ausland und den Direktiven der Komintern in Moskau folgte. Robert Uhrig war Werkzeugmacher, hatte als Kommunist eine Zuchthaus-strafe verbüßt und anschließend eine weitverzweigte Organi-sation in Berlin aufgebaut, mit Verbindungen nach Hamburg, Mannheim, Leipzig, München und anderen Orten. Ab 1940/41 arbeitete Uhrig mit Beppo Römer zusammen, der seinen Weg von der äußersten Rechten zum Widerstand der Arbeiterbewegung gefunden hatte.

In Berlin agierten Franz Jacob (der nach dem Untergang der Bästlein-Gruppe in die Reichshauptstadt geflohen war) und der Maschinenbauer Anton Saefkow. Sie knüpften ein Netz illegaler Zellen in Berliner Fabriken. Im Juli 1944 zerschlug die Gestapo die Saefkow-Jacob-Gruppe und mit ihr eine der größeren kommunistischen Widerstandsorganisationen. In Nordbaden mit dem Schwerpunkt Mannheim hatte sich ein kommunistischer Widerstandskreis um Georg Lechleiter gebildet, der auch mit Sozialdemokraten zusammenarbeitete. Eine illegale Schrift «Der Vorbote» als «Informations- und Kampf-Organ gegen den Hitlerfaschismus» wurde der Lechleiter-Gruppe zum Verhängnis. Ende Februar 1942 wurden 50 bis 60 Mitglieder von der Gestapo verhaftet. 19 Todesurteile wurden vollstreckt. Zwischen 1940 und 1944 existierte in Thüringen ein Netz in etwa 50 Orten, das vom ehemaligen Gymnasiallehrer Neubauer und dem KPD-Funktionär Magnus Poser organisiert war. In Magdeburg sammelten der KPD-Bezirksfunktionär Hermann Danz und der Lehrer Martin Schwantes die Mitglieder der Partei, die 1933 im Untergrund Widerstand geleistet hatten und verhaftet worden waren. Die Danz-Schwantes-Gruppe war mit den Widerstandskreisen um Georg Schumann in Sachsen und Theodor Neubauer in Thüringen verbunden und kooperierte mit der Saefkow-Jacob-Gruppe in Berlin, sie war offen gegenüber sozialdemokratischen Regimefeinden. Die Magdeburger Gruppe fiel im Juli 1944 der Gestapo zum Opfer.

Linientreuer im Sinne Moskaus als diese regionalen kommunistischen Zirkel des Widerstands war die Knöchel-Organisation. Chef war Wilhelm Knöchel, der einzige Führungskader der KPD, dem es im Januar 1942 gelang, aus der Emigration ins Deutsche Reich zurückzukehren. Das ZK-Mitglied Knöchel folgte den Instruktionen aus Moskau, er versuchte eine zentrale Inlandsleitung der KPD aufzubauen und die Strukturen der Kommunistischen Partei zu restaurieren. Im Dienst der Idee, den Krieg zu beenden, gab Knöchel monatlich die Untergrundzeitung

«Der Friedenskämpfer» heraus, die sich parteipolitisch neutral
darstellte. Anfang 1943 flog die Knöchel-Organisation auf. Im
Sommer 1944 wurden Knöchel und 22 Mitglieder, Verbindungs-
leute und Sympathisanten zum Tode verurteilt und hingerichtet.
Den 1933 propagierten und nach 1945 in der ehemaligen DDR
ständig gefeierten Massenwiderstand der Kommunisten hat es
nur zu Beginn der NS-Herrschaft gegeben. Das ändert nichts daran, dass die Kommunistische Partei die größte Zahl von Toten
im Widerstand gegen die Hitlerdiktatur zu beklagen hatte.

Die Sozialdemokratische Partei

Gegen den Nationalsozialismus exponiert hatten sich schon vor
1933 Sozialdemokraten wie Ernst Reuter, der als Magdeburger
Oberbürgermeister (seit April 1931) und als Reichstagsabge-
ordneter (seit Juli 1932) zu den Hoffnungen der SPD zählte,
dem aber auch die besondere Aufmerksamkeit der Nationalsozialisten galt. Er verlor im Frühjahr 1933 sein Amt und kam
zweimal ins KZ, ehe er 1935 über Großbritannien ins türkische
Exil fliehen konnte. Im Herbst 1946 zurückgekehrt, wurde er
als Westberliner Oberbürgermeister zur Symbolgestalt freiheit-
licher Demokratie. Ein anderer Sozialdemokrat dieser Generation war Kurt Schumacher, der als einer der jungen «Militanten
Sozialisten» mit der einzigen Rede, die er im Februar 1932 im
Reichstag hielt, Aufsehen erregte und der Feindschaft der NS-
DAP sicher sein durfte. Er hatte ihr den Spiegel vorgehalten mit
dem Satz «Die ganze nationalsozialistische Agitation ist ein
dauernder Appell an den inneren Schweinehund im Menschen».
Kurt Schumacher büßte dieses Verdikt dadurch, dass er fast die
gesamte NS-Zeit im KZ, überwiegend in Dachau, inhaftiert
war. Im Frühjahr 1945 begann der knapp Fünfzigjährige, kör-
perlich schwer gezeichnet, mit dem Wiederaufbau der SPD von
Hannover aus. Es gelang ihm nicht, 1949 Kanzler der Bundesrepublik zu werden. Als Oppositionsführer war er dann nicht
nur schärfster Kritiker Adenauers, sondern auch der Alliierten.
Sein Antifaschismus blieb ebenso durch die Endjahre der Weimarer Republik geprägt wie sein Antikommunismus.

Die SPD war bis 1932 die stärkste, dann nach den sensationellen Erfolgen der NSDAP die zweitstärkste und vor allem die am besten organisierte Partei in Deutschland. Auch angesichts der Exzesse nach Hitlers Machtübernahme war sie entschlossen, den Weg der Legalität keinen Finger breit zu verlassen. Der Parteivorstand ließ sich in dieser Haltung auch nach dem Reichstagsbrand und seinen Folgen nicht beirren. Die Parteibasis hatte allerdings dafür nicht immer Verständnis. Die SPD verstand sich zur Zeit der Machtübernahme Hitlers als Opposition, die mit aller Schärfe, aber nur mit legalen Mitteln gegen die Hitlerregierung und die NSDAP kämpfen wollte. Die Sozialdemokraten verweigerten die Zustimmung zum Ermächtigungsgesetz und traten damit in offene Opposition zu Hitler. Am 23. März wurde über das von Hitler verlangte Ermächtigungsgesetz abgestimmt, mit dem das Parlament sich selbst entmachtete, weil es mit mehr als der notwendigen Zweidrittelmehrheit der Reichsregierung Vollmacht zur Gesetzgebung nach Belieben erteilte. SA und SS hatten das Gebäude abgeriegelt, die kommunistischen Abgeordneten konnten schon nicht mehr an der Sitzung des Reichstages teilnehmen. 94 Sozialdemokraten waren noch anwesend, 26 waren bereits verhaftet oder befanden sich auf der Flucht.

Die Rede, mit der der SPD-Vorsitzende Otto Wels die Zustimmung der Sozialdemokraten zum Ermächtigungsgesetz verweigerte, war das letzte offen ausgesprochene Wort des Widerstands in einem deutschen Parlament gegen die Errichtung der NS-Diktatur. Wels verteidigte den Rechtsstaat gegen die Nationalsozialisten und zugleich die parlamentarische Demokratie, als er die Absage der SPD gegen das Ermächtigungsgesetz am 23. März 1933 im Parlament begründete: «Noch niemals, seit es einen Deutschen Reichstag gibt, ist die Kontrolle der öffentlichen Angelegenheiten durch die gewählten Vertreter des Volkes in solchem Maße ausgeschaltet worden, wie es jetzt geschieht, und wie es durch das neue Ermächtigungsgesetz noch mehr geschehen soll. Eine solche Allmacht der Regierung muß sich um so schwerer auswirken, als auch die Presse jeder Bewegungsfreiheit entbehrt.» Es ging um mehr als einen parlamentarischen Akt der Gesetzgebung, als den die Reichsregierung in Hitlers Regierungserklärung das Ermächtigungsgesetz darzustellen versuchte. Es war die Preisgabe von Demokratie und Parlamentarismus, es ging um die von der NSDAP und ihren konservativen Verbündeten erstrebte Überwindung des Verfassungsstaates: «Die Verfassung von Weimar ist keine sozialistische Verfassung», erklärte Otto Wels: «Aber wir stehen zu den Grundsätzen des Rechtsstaates, der Gleichberechtigung, des sozialen Rechts, die in ihr festgelegt sind. Wir deutschen Sozialdemokraten bekennen uns in dieser geschichtlichen Stunde feierlich zu den Grundsätzen der Menschlichkeit und der Gerechtigkeit, der Freiheit und des Sozialismus. Kein Ermächtigungsgesetz gibt Ihnen die Macht, Ideen, die ewig und unzerstörbar sind, zu vernichten.»

Otto Wels musste nach seiner mutigen Rede Deutschland verlassen. Er floh nach Prag und 1938 weiter nach Paris. Am 10. Mai 1933 wurde das Parteivermögen der SPD beschlagnahmt, soweit es nicht ins Ausland gerettet worden war. Am 22. Juni erging das Verbot jeglicher politischer Tätigkeit, gleichzeitig erloschen alle Mandate der SPD im Reichstag und in den Länderparlamenten. Viele sozialdemokratische Funktionäre wurden verhaftet und in Konzentrationslager verschleppt.

Der SPD-Vorstand hatte zuletzt auf eine Doppelstrategie gesetzt. Die Partei sollte politisch aktiv und präsent bleiben; gleichzeitig wurde ab Frühjahr 1933 in Prag eine Auslandszentrale aufgebaut, von der aus die illegale politische Arbeit im Deutschen Reich geleitet werden sollte. Grenzsekretariate wurden rings um Deutschland eingerichtet. Kuriere brachten dorthin Nachrichten und Berichte aus Deutschland über die soziale Lage der Arbeiterschaft sowie über die Einstellung der Bevölkerung zum Regime. Sie transportierten von diesen Stellen aus Flugschriften und anderes Propagandamaterial ins Reich. Mit Erlebnisberichten und einer Dokumentation über die Konzentrationslager, in denen zu diesem Zeitpunkt schon 50 000 Menschen gefangen gehalten wurden, versuchte die Exil-SPD bereits 1934, die Nachbarstaaten auf den Terror der Nationalsozialisten aufmerksam zu machen. Um den Einfluss in Deutschland nicht zu verlieren, wurde das Parteiorgan in Prag weiter publiziert und hieß jetzt «Neuer Vorwärts». Wichtig waren auch die «Deutschland-Berichte» der Sopade, wie sich die Sozialdemokratie im Exil nannte. Die Deutschland-Berichte erschienen von April/Mai 1934 bis April 1940, zuerst kamen sie aus Prag, dann aus Paris. Sie boten Informationen über die wirkliche Lage in Deutschland jenseits nationalsozialistischer Propaganda.

Die SPD-Führer im Prager Exil arbeiteten seit Herbst 1933 auch an einer Programmschrift, um ihrer Opposition gegen die nationalsozialistischen Machthaber ein Ziel zu geben und die theoretische Position der SPD zu klären. Damit war das «Prager Manifest» auch der wohl früheste Entwurf einer neuen Verfassungsordnung nach Hitler. Ende Januar 1934 wurde es veröffentlicht. Darin hieß es, die Wiedereroberung demokratischer Rechte sei eine «Notwendigkeit, um die Arbeiterbewegung als Massenbewegung wieder möglich zu machen». Der «Kampf um die Demokratie» erweitere sich zum «Kampf um die völlige Niederringung der nationalsozialistischen Staatsmacht». Mit dem Prager Manifest nahm die SPD im Exil Abschied von ihrem legalistischen Kurs.

Vor dem Einmarsch deutscher Truppen, mit dem im Frühjahr 1939 die Zerschlagung der Tschechoslowakei besiegelt wurde, floh der sozialdemokratische Parteivorstand nach Paris. Ein Jahr später, kurz vor der Besetzung der französischen Hauptstadt durch deutsche Truppen am 14. Juni 1940, retteten sich die SPD-Führer des Exils nach London. Einige fielen jedoch den Nationalsozialisten in die Hände wie Rudolf Breitscheid, der im KZ Buchenwald im August 1944 ermordet wurde, oder Rudolf Hilferding, der schon Anfang 1941 in einem Pariser Gefängnis ums Leben kam. Breitscheid und Hilferding, die als prominente Sozialdemokraten in Paris im Exil lebten, waren von der französischen Polizei Ende 1940/Anfang 1941 der Gestapo ausgeliefert worden. Im Londoner Exil konnte der SPD-Vorstand nicht mehr viel bewirken.

Ein großer Teil der Mitglieder der sozialdemokratischen Arbeiterbewegung hatte sich, scheinbar resigniert, nach dem Verbot der Partei ins Private zurückgezogen, pflegte aber im Umfeld von Arbeitersiedlungen und Vorstädten das sozialdemokratische Milieu, das in Form von Nachbarschaft, Geselligkeit, Kameradschaft und gegenseitiger Hilfe eine Zone bildete, in der nationalsozialistische Ideologie ohne Einfluss und NS-Propaganda ohne Wirkung blieben. Ihre Grundhaltung war stille Verweigerung und Resistenz. Das äußerte sich im Abhören verbotener Auslandssender, im Austausch von regimekritischen Ansichten im kleinen Kreis, in Läden und Gaststätten, die von Sozialdemokraten betrieben wurden und als Nachrichtenbörsen und Orte des Trostes unter Gleichgesinnten dienten.

Das war kein Widerstand und wurde von der NS-Herrschaft nicht als bedrohlich angesehen. Die oppositionelle Haltung schwächte sich auch vorübergehend ab, als die Arbeitslosigkeit überwunden war und die außenpolitischen und militärischen Erfolge des Regimes einsetzten. Der Verlauf des Krieges und schließlich die sich abzeichnende Niederlage stärkten die oppositionelle Einstellung dann wieder. Das auf inneren Vorbehalt und Tradition gegründete Zusammengehörigkeitsgefühl blieb jedenfalls so stark, dass die Sozialdemokratie als Partei nach dem Zusammenbruch des NS-Staats die überlieferten Strukturen rasch wiederbeleben und darauf aufbauen konnte.

Einige der aktivsten sozialdemokratischen Widerstandskämpfer erlebten die Wiedergeburt der Partei nicht mehr. Sie hatten, wie Julius Leber, Theodor Haubach, Wilhelm Leuschner, Carlo Mierendorff und Adolf Reichwein, vor 1933 keine Spitzenpositionen im Apparat der SPD eingenommen. Meist waren sie Redakteure bei Parteizeitungen oder Parlamentarier. Leuschner war Innenminister in Hessen gewesen, der Wissenschaftler Reichwein, bis zu seiner Entlassung durch die Nationalsozialisten Professor an der Pädagogischen Hochschule Halle, war erst 1932 zur SPD gekommen. Die Genannten überwanden im Widerstand die eigenen Parteigrenzen und suchten Kontakt zu Andersdenkenden. Sie spielten wichtige Rollen in allen überparteilichen Widerstandskreisen, in denen sich vor allem nach Kriegsausbruch Menschen konservativer, liberaler, parteiungebundener, christlicher und sozialdemokratischer Gesinnung in der Gegnerschaft zum Hitlerstaat trafen. Adolf Reichwein war Mitgründer des Kreisauer Kreises, er stand auch dem Grafen Stauffenberg und damit den Verschwörern des 20. Juli nahe.

Reichwein brachte Theodor Haubach und Carlo Mierendorff zu den Kreisauern. Haubach hatte Kontakt zum Goerdeler-Kreis, Julius Leber zur Militäropposition. Leber gehörte ab 1943/44 auch zum Kreisauer Kreis, er war mit Stauffenberg befreundet und hatte ab Sommer 1944 Verbindung zu Kommunisten, nämlich zur Saefkow-Jacob-Gruppe. Die Verhaftung von Reichwein und Leber Anfang Juli 1944 machte Hoffnungen des Widerstands zunichte. Das gescheiterte Attentat am 20. Juli riss auch Haubach und Leuschner in den Abgrund. Im Herbst 1944 wurden die Sozialdemokraten Leuschner und Reichwein, im Januar 1945 Leber und Haubach hingerichtet. Mierendorff war bei einem Luftangriff umgekommen. Sie alle hätten wichtige Aufgaben in einer Regierung nach Hitler haben sollen, Leber als Reichsinnenminister, Leuschner als Vizekanzler oder Reichspräsident, Reichwein als Kulturminister.

Gewerkschaften

Disziplin der Mitglieder und die Entschlossenheit der Führung, sich strikt im Rahmen der Legalität zu bewegen, waren ebenso wie die Zersplitterung der Gewerkschaftsbewegung in politische und weltanschauliche Richtungen Gründe dafür, dass es trotz des hohen Organisationsgrades, des antifaschistischen Bewusstseins und der Aktionsbereitschaft an der Basis keinen gewerkschaftlichen Widerstand gegeben hat, der in breiter und geschlossener Front dem NS-Regime die Stirn geboten hätte. Die Besetzung der Gewerkschaftshäuser am 2. Mai 1933 durch die SA, der Raub des Vermögens des Allgemeinen Deutschen Gewerkschaftsbundes und anderer Organisationen, die Auflösung der gesamten Gewerkschaftsbewegung und die Gründung der nationalsozialistischen Deutschen Arbeitsfront (DAF) erfolgte nach der Usurpation des 1. Mai zum «Tag der nationalen Einheit» als Coup, der lähmend wirkte und jede Gegenwehr im Keim erstickte.

Die Aktivitäten widerständiger Gewerkschafter beschränkten
sich weitgehend auf die Konservierung des Milieus, in dem
Pläne für die Zeit nach dem Nationalsozialismus ersonnen wurden und auf konspirative Weise der Kontakt aufrechterhalten
wurde. Der Sozialdemokrat Hans Gottfurcht, seit 1919 haupt-
beruflicher Gewerkschafter, war ab 1933 für eine Versiche-
rungsgesellschaft tätig, was ihm Reisen ermöglichte. 1934 und
1935 traf er sich mit anderen Gewerkschaftern: «Etwa zur gleichen Zeit glaubten wir, eine größere Zusammenkunft von Kollegen wagen zu können. Durch Benachrichtigung von Mund zu
Mund versammelten wir annähernd 40 Kollegen im Restaurant
des Lehrer-Vereinshauses am Alexanderplatz in Berlin. Wir sa-
ßen an kleinen Tischen und sangen Lieder, die jedem Unbeteilig-
ten den Eindruck vermitteln mußten, daß wir Anhänger eines
Kegelklubs oder Fußball-Freunde seien. Das Unternehmen war
nicht ganz ungefährlich, denn mehrere Kellner kannten uns aus
Versammlungen, die wir in den Sälen des Hauses früher abge-
halten hatten. Jetzt, an einem Nachmittag, war das Restaurant
so gut wie unbesetzt von Passanten. Die meisten Teilnehmer waren Berliner, aber es war auch gelungen Kollegen aus dem Reich
einzubeziehen. Das bloße Wiedersehen bekannter Gesichter war
eine freudige Demonstration der Zuversicht. In einer Reihe von
Fällen bot diese Zusammenkunft die Ermutigung zur Konsoli-
dierung ihrer Gruppen. Irgendwelche Folgen traten nicht ein:
das Treffen muß den Augen der Gestapo entgangen sein.»
    Eine illegale Organisation oder Strukturen für Aktivitäten im
Untergrund (wie die KPD sie aufgebaut hatte) existierten nicht,
auch die Unterwanderung der nationalsozialistischen DAF war
keine realistische Option. Zirkel ehemaliger Spitzenfunktionäre
fungierten als «Illegale Reichsleitung der deutschen Gewerkschaften». Jenseits der deutschen Grenzen, zuerst im Saarland
und in der Tschechoslowakei, dann in den Niederlanden, Bel-
gien, Frankreich und Dänemark, entstanden Außenposten, in
denen sich verfolgte und vertriebene Gewerkschafter sammelten. Daraus ging schließlich die «Landesgruppe deutscher Gewerkschafter» in Schweden und Großbritannien hervor. Hans
Gottfurcht, der 1937 verhaftet worden war, ging 1938 ins Exil

und stand in London an der Spitze von Organisationen deutscher Gewerkschaften.

Die bekannten Gewerkschaftsführer, die sich aktiv engagierten und sich an den Vorbereitungen zum Staatsstreich beteiligten, wie Jakob Kaiser von den Christlichen oder der Sozialdemokrat Wilhelm Leuschner von den Freien Gewerkschaften, waren nicht im Rahmen illegaler gewerkschaftlicher Organisationen aktiv, sondern handelten individuell.

Linke Sozialisten (SAPD, Neu Beginnen, Internationaler Sozialistischer Kampfbund)

Die sozialistischen Widerstandsgruppen, die in den ersten Jahren nationalsozialistischer Herrschaft am aktivsten waren, gehörten nicht zur SPD. Es waren vor allem drei Organisationen, die sich vor 1933 von der Sozialdemokratie gelöst hatten, dann links von der SPD standen und erst ab 1945 wieder in ihre Reihen zurückfanden.

Der Mitgliederzahl nach am wichtigsten war die Sozialistische Arbeiterpartei Deutschlands (SAPD), die in Berlin und Mitteldeutschland, aber auch in anderen Großstädten und Industrierevieren vertreten war. Die SAPD, deren später prominentestes Mitglied Willy Brandt war, hatte eine Auslandszentrale in Paris und eine illegale Reichsleitung in Deutschland. In den Jahren 1935 und 1936 arbeiteten etwa 5000 SAPD-Mitglieder im Widerstand. 1937 waren die meisten dem Zugriff der Gestapo zum Opfer gefallen. Einige wenige hielten sich noch über das Jahr 1939 hinaus.

Eine andere Gruppe nannte sich nach ihrer im Herbst 1933 in Prag publizierten Programm-Schrift «Neu Beginnen». Darin wurde der Anspruch auf die Führung einer reformierten Arbeiterbewegung mit scharfer Kritik der Politik der Arbeiterparteien SPD und KPD in der Weimarer Republik begründet. Razzien der Gestapo brachten im Herbst 1935 und Frühjahr 1936 einen großen Teil der Mitglieder in Haft. Unentdeckt blieb u. a. Fritz Erler, der nach 1945 in der SPD eine wichtige Rolle spielte, er konnte den Widerstand aus der Illegalität fortsetzen. Bis auf einige Splitter in Süddeutschland war die Gruppe «Neu Beginnen» im Herbst 1938 jedoch zerschlagen.

In ähnlicher Weise operierte der Internationale Sozialistische Kampfbund (ISK). Die kleine Organisation unterhielt lokale Stützpunkte im ganzen Deutschen Reich. Sie war in sechs Bezirke gegliedert und hatte eine Exilzentrale in Paris. Der ISK machte vor allem Propaganda gegen das NS-Regime, mit Flugblättern, Parolen auf Straßen und an Wänden. Wichtigstes Mittel zur Aufklärung der deutschen Öffentlichkeit waren die «Neuen Politischen Briefe», die zwischen Oktober 1933 und Ende 1937 monatlich erschienen. Im Ausland hergestellt, hatten sie hohen Informationswert. Zu ihrer Verbreitung und als Organisationsstützpunkte dienten fünf vegetarische Gasthäuser und ein Brotladen. Von ISK-Mitgliedern betrieben, waren sie eine wichtige Einnahmequelle und das wirtschaftliche Rückgrat der Widerstandsorganisation.

Durch die Verteilung der «Neuen Politischen Briefe» suchte der ISK Aufklärung über die wahren Ziele des NS-Regimes zu verbreiten. Mit der alltäglichen Demonstration von Opposition wollte der Internationale Sozialistische Kampfbund die Nationalsozialisten verunsichern. Das größte Aufsehen erregten die Frankfurter ISK-Widerstandskämpfer mit der «Autobahn-Aktion» am 19. Mai 1935. Es war der Sonntag, an dem Hitler das erste Autobahnteilstück zwischen Frankfurt und Darmstadt feierlich eröffnete. In der Nacht zuvor hatten sie Parolen wie «Hitler = Krieg» oder «Nieder mit Hitler» auf die Fahrbahn und an die Brücken gemalt und Lautsprecher unbrauchbar gemacht. Die Parolen waren selbstverständlich vor dem Festakt entdeckt worden. An den Brücken wurden sie mit Hakenkreuzfahnen überdeckt, auf den Fahrbahnen mit Sand bestreut. Durch Regen und die Fahrzeuge schwand der Sand aber dahin, die Schrift wurde wieder lesbar.

Der Widerstand der Arbeiterbewegung – so unterschiedlich und vielfältig die Organisationen und Gruppen waren, die ihn leisteten – erschöpfte sich nicht in Propaganda-Aktionen. Kampf gegen das Regime war auch das öffentliche Beharren auf demokratischen und rechtsstaatlichen Idealen. Dafür sind zu

Beginn der Hitlerzeit viele Sozialdemokraten und Mitglieder der linkssozialistischen Organisationen ins Gefängnis und KZ gekommen, ebenso wie die Kommunisten, deren Ideale denen der Nationalsozialisten, aber auch denen der Sozialdemokraten entgegengesetzt waren. Die Bewahrung des eigenen Standorts gegen die um sich greifende Begeisterung für den Nationalsozialismus war eine Haltung der Verweigerung, die dann vor allem im Krieg vielfach in Opposition mündete. Pläne für ein Deutschland nach Hitler, für eine neue Gesellschaftsordnung, die kommunistisch oder parlamentarisch-demokratisch, jedenfalls antinationalsozialistisch orientiert sein würde, sind als Ausdruck politischen Widerstands in den Reihen der Arbeiterbewegung diskutiert worden. In der sozialdemokratischen Emigration wurde, wie im ISK, bei «Neu Beginnen» und der SAPD über Nachkriegsdeutschland früher diskutiert als in den bürgerlich-konservativen Widerstandskreisen, die sich erst Ende der 1930er Jahre formierten. Die Möglichkeiten, aus dem Exil in Großbritannien oder in den USA politischen Widerstand zu leisten, waren von Anfang an bescheiden und nach Kriegsausbruch gab es sie kaum mehr.

Im Exil näherten sich die linkssozialistischen Gruppen, die sich wegen ihres entschieden antifaschistischen Engagements und wegen der Forderung nach einer Einheitsfront der gesamten Arbeiterbewegung gegen den Nationalsozialismus vor 1933 von der SPD getrennt hatten, wieder den Sozialdemokraten. Aus ihren Reihen (SAPD) ging auch der spätere Parteivorsitzende und Bundeskanzler Willy Brandt hervor.

4. Christen und Kirchen

Die Kirchen standen dem Nationalsozialismus anfänglich nicht in grundsätzlicher Ablehnung gegenüber. Protestantischer Tradition entsprach die Vorstellung einer starken Obrigkeit mit enger Verbindung von Thron und Altar, wie sie im Kaiserreich von 1871 bis 1918 geherrscht hatte. Hitler suchte, solange er noch Mehrheiten brauchte, ein gutes Verhältnis zum politischen Katholizismus. Überredet durch Hitlers kirchenfreundliche Zusicherungen, in Panik wegen des Radikalismus der NSDAP und beschwichtigt durch die Aussicht auf das Konkordat (das Abkommen zwischen der Reichsregierung Hitler und dem Vatikan, das die Rechte der katholischen Kirche in Deutschland festlegte und garantierte), stimmten die Parteien des politischen Katholizismus – Zentrum und Bayerische Volkspartei – im März 1933 dem Ermächtigungsgesetz zu.

Für viele katholische Christen entstand eine paradoxe Situation: Die Mehrzahl der Funktionsträger hatte eben noch in Versammlungen und Kundgebungen deutlich gemacht, dass Katholiken mit ihrer Überzeugung und ihrem Stimmzettel Hitler entgegentreten müssten; nun nahmen die katholischen Bischöfe in einer Kundgebung am 28. März 1933 ihre Warnungen vor Hitler und ihre Verurteilung der Ideologie der NSDAP ganz offiziell zurück. Widerspruch aus theologisch oder religiös begründeter Ablehnung des autoritär-diktatorischen Staates war in beiden Kirchen zunächst auf Randgruppen und Einzelpersonen beschränkt. Auf katholischer Seite waren es die «Rhein-Mainische-Volkszeitung» mit ihrem Kreis sozial Engagierter (Friedrich Dessauer, Walter Dirks) und Männer der katholischen Arbeiterbewegung wie Jakob Kaiser sowie fromme Christen, die auf ihren Pfarrer hörten und mit der neuheidnischen NS-Politik weiter nichts zu tun haben wollten. Auf der evangelischen Seite waren es Theologen wie Dietrich Bonhoeffer und Professor Karl Barth, die Bedenken gegen ein diktatorisches Regime hatten, weil sie dessen unbedingten Verfügungsanspruch über die Menschen ablehnten.

Vertreter der evangelischen Kirche kamen ab Frühjahr 1933 in Konflikt mit dem Staat. Sie widersetzten sich den Gleichschaltungsversuchen, die sich gegen die traditionellen Selbstverwaltungsstrukturen kirchlicher Organisation richteten. Die Nationalsozialisten wollten eine Kirchenreform durchsetzen, die aus den 28 selbständigen evangelischen Landeskirchen eine einheitliche und gleichförmige «Reichskirche» gemacht hätte, die unter einem «Reichsbischof» nach dem Führerprinzip organisiert sein sollte. Viele evangelische Christen hatten sich dem Nationalsozialismus angeschlossen; sie kämpften, vielfach erfolgreich unter der Bezeichnung «Deutsche Christen», bei den Wahlen für kirchliche Gremien (Synoden) um die Mehrheit. Seit Herbst 1932 traten unter Führung nationalsozialistischer Pfarrer die «Deutschen Christen» auch als Organisation an die Öffentlichkeit. Ihnen standen evangelische Christen, Pastoren wie Laien, gegenüber, die zunächst nur der Maxime folgten, dass die Kirche sich nicht in staatliche Belange und der Staat sich nicht in kirchliche Angelegenheiten einmischen dürfe. Aus dieser Haltung heraus entwickelte sich, im Kampf um Tradition und Organisation der Landeskirchen, religiös und zunehmend auch politisch motivierte Opposition gegen den NS-Staat.

In der Abwehr der «Deutschen Christen», die bei den Kirchenwahlen im Juli 1933 mit massiver Unterstützung der NSDAP mehr als 70 Prozent der abgegebenen Stimmen errungen hatten, organisierte sich allmählich die kirchliche Opposition in Form der Bekennenden Kirche. Widerstand im politischen Sinne, in der Absicht, das nationalsozialistische Regime zu stürzen, hat die Bekennende Kirche als Ganzes nicht geleistet. Sie kämpfte erst für die Unversehrtheit ihrer organisatorischen Strukturen und dann für die Unabhängigkeit der kirchlichen Lehre. Das Regime aber fühlte sich durch diese kirchlich-theologische Widersetzlichkeit vielfach auch politisch-ideologisch getroffen. Durch alle Landeskirchen ging von nun an ein Riss, die Fronten waren durch die Anhänger der Bekennenden Kirche, die immer mehr in grundsätzliche Opposition zum Staat gerieten, einerseits und die «Deutschen Christen», die überzeugte Nationalsozialisten waren, andererseits bestimmt. Bei vielen Christen der Bekennenden Kirche wurde aus der oppositionellen Haltung schließlich politischer Widerstand. Sie kämpften, ihrem Gewissen verpflichtet und oft ganz auf sich gestellt, manchmal auch von Gemeindemitgliedern unterstützt mit ihren Mitteln – Predigt und Schrift – erst gegen Übergriffe des Staates ins kirchliche Leben, dann gegen die praktizierte nationalsozialistische Ideologie.

Das Vertrauen der katholischen Kirche in die Zusicherungen Hitlers vom Frühjahr 1933 wich bald der Ernüchterung. Die alltäglichen Behinderungen des kirchlichen Lebens und der von den Nationalsozialisten inszenierte Kampf gegen Ordensgemeinschaften («Klostersturm»), die Prozesse gegen Ordensgeistliche wegen angeblicher Devisenschiebereien und Sittlichkeitsvergehen schreckten die katholischen Kirchenführer auf. Das in Absprache mit deutschen Kardinälen und Bischöfen verfasste päpstliche Rundschreiben («Mit brennender Sorge») vom März 1937 kritisierte die Zustände in Deutschland und distanzierte sich von der nationalsozialistischen Ideologie. Die Mehrzahl der katholischen Bischöfe war aber auch in der Folgezeit nicht bereit, auf Konfrontationskurs zum Hitler-Regime zu gehen.

Der Breslauer Kardinal Bertram blieb als Vorsitzender der deutschen Bischofskonferenz zu Kompromissen mit dem Regime geneigt, auch wenn er gegen Eingriffe des Staates in die Rechte der Kirche Protest erhob. Statt der energischen Auseinandersetzung mit Methoden und Zielen nationalsozialistischer Politik, die einige Bischöfe immer wieder forderten, ließ es Kardinal Bertram bei Eingaben in zurückhaltender Form bewenden. Man dürfe das kirchliche Leben nicht gefährden und noch mehr erschweren, lautete das Argument der Mehrheit der Bischöfe. Bischöfe wie Konrad Graf Preysing in Berlin und Clemens August Graf von Galen in Münster, die immer wieder auf eine entschiedenere Politik der Bischofskonferenz drängten, waren die Ausnahme. Aber auch ihre Kritik am NS-Regime war punktuell, dämpfte keineswegs ihren Patriotismus und bewog sie nicht, etwa den mit verbrecherischen Methoden geführten Feldzug gegen die Sowjetunion (und deren Zivilbevölkerung) zu verdammen.

Die Interessenlage der Amtskirchen war eindeutig: Das Eigene bewahren und sich nicht einmischen in die Angelegenheiten Anderer, lautete die Devise. Der Münchner Erzbischof, Michael Kardinal Faulhaber, hat die offizielle Haltung der katholischen Kirche unmissverständlich charakterisiert, als er den Judenboykott im Frühjahr 1933 kommentierte. Das Vorgehen gegen die Juden sei derart unchristlich, «daß jeder Christ, nicht bloß jeder

Priester, dagegen auftreten müßte.» Der Kardinal zeigte sich im gleichen Atemzug jedoch als Pragmatiker: «Für die kirchlichen Oberbehörden bestehen weit wichtigere Gegenwartsfragen; denn Schule, der Weiterbestand der katholischen Vereine, Sterilisierung sind für das Christentum in unserer Heimat noch wichtiger, zumal man annehmen darf, und zum Teil schon erlebte, daß die Juden sich selbst helfen können, daß wir also keinen Grund haben, der Regierung einen Grund zu geben, um die Judenhetze in eine Jesuitenhetze umzubiegen.»

Offener Protest gegen Maßnahmen des Regimes, der nicht nur im Frühjahr 1933 noch möglich war, gar Handlungen des Widerstands blieben Sache einzelner Christen, die ihren Glauben auch politisch lebten. Das galt für beide große Konfessionen. Beispiele sind der Berliner Dompfarrer an der St. Hedwigskathedrale Bernhard Lichtenberg. Er war seit 1935 Vertrauter des Bischofs Konrad Graf Preysing und Leiter des «Hilfswerks für nichtarische Christen» katholischer Konfession. Er betete 1938 öffentlich für verfolgte Juden und protestierte 1941 gegen den Krankenmord. Im Oktober 1941 wurde er verhaftet, von einem Sondergericht zu zwei Jahren Haft verurteilt und im November 1943 ins KZ Dachau deportiert. Er starb auf dem Weg dorthin. Im KZ Dachau gab es einen eigenen «Priesterblock» mit 387 katholischen Geistlichen deutscher (und österreichischer) Nationalität, außerdem mit 35 evangelischen Pfarrern. Zu ihnen gehörte auch Heinrich Grüber, der evangelischen Christen jüdischer Herkunft Auswanderungshilfe geleistet hatte. Er wurde 1940 verhaftet und war erst in Sachsenhausen, dann in Dachau gefangen.

Gertrud Luckner, langjährige Referentin im Deutschen Caritas Verband in Freiburg und zuletzt dort zuständig auch für die Seelsorge «nicht-arischer» Katholiken, leistete seit Herbst 1940 (mit Wissen des Erzbischofs Gröber) Fluchthilfe für Juden, denen sie Wege in die Schweiz wies, die sie mit falschen Pässen ausstattete und für die sie ein umfassendes Netz der Solidarität zwischen Christen aller Bekenntnisse knüpfte. Das wurde ihr zum Verhängnis. Im März 1943 wurde sie von der Gestapo festgenommen, in Berlin verhört und ins Frauen-KZ Ravensbrück

eingeliefert, aus dem sie erst im Mai 1945 befreit wurde. In
Ravensbrück war auch die evangelische Vikarin Staritz inhaftiert. Sie hatte in Breslau die «Kirchliche Hilfsstelle für evangelische Nichtarier» geleitet. Das evangelische Konsistorium verweigerte ihr Schutz und Hilfe, als sie im Dezember 1941 in der
SS-Zeitschrift «Das Schwarze Korps» angegriffen wurde. Die
kirchliche Obrigkeit blieb stumm und tatenlos, als Katharina
Staritz 1942 als Regimegegnerin verhaftet wurde. Anlass war
ein Rundschreiben, in dem sie alle Breslauer Pfarrämter im September 1941 beschworen hatte, angesichts der Stigmatisierung
der Juden durch den gelben Stern Solidarität zu üben und Christen jüdischer Herkunft nicht aus den Gemeinden auszuschlie-
ßen. Das Konsistorium beurlaubte die Vikarin daraufhin. Sie
war bis Mai 1943 im KZ Ravensbrück inhaftiert, stand anschließend arbeitslos unter Gestapo-Aufsicht.

Auf evangelischer Seite richteten sich Kanzelabkündigungen
1935 gegen die «rassisch-völkische Weltanschauung». In einer
Denkschrift des «radikalen Flügels» der Bekennenden Kirche an
Hitler wurden der staatlich verordnete Antisemitismus verurteilt,
ebenso die Existenz der Konzentrationslager, die Willkür der Gestapo und andere Erscheinungen des NS-Staats. Aber die Denkschrift war geheim, und eine öffentliche Kanzelabkündigung er-
mahnte die Gläubigen zum Gehorsam gegenüber der weltlichen
Obrigkeit. Weder gegen die Entrechtung der deutschen Juden
durch die Nürnberger Gesetze im September 1935 noch gegen
den Novemberpogrom 1938 haben die Kirchen als öffentliche
Institutionen geschlossen und nachdrücklich protestiert.

Die Kirchen hätten Möglichkeiten gehabt, sich für die verfolgten Juden zu engagieren. Der Vatikan unternahm sogar
einen Anlauf dazu. Im Juni 1938 beauftragte Pius XI. den amerikanischen Jesuitenpater John LaFarge mit dem Entwurf einer
päpstlichen Enzyklika, die Rassismus und Antisemitismus ver-
urteilen sollte. Drei Monate später lieferte LaFarge den mit
Hilfe zweier Ordensbrüder verfassten Text, der als Enzyklika
«Humani generis unitas» – «Über die Einheit des Menschen-
geschlechtes» – das christliche Fanal gegen nationalsozialistischen Rassenwahn gewesen wäre. Der Textentwurf war vor der

«Reichskristallnacht» fertig, vor dem inszenierten Pogrom also, der im November 1938 die Wegmarke bildete zwischen Ausgrenzung und Verfolgung, die auf Vernichtung zielte. Umso eindrucksvoller wäre die Enzyklika gewesen, weil sie die Entwicklung voraussah, auch wenn das Schlimmste noch nicht zu ahnen war.

Im Kapitel «Die Juden und der Antisemitismus» der Enzyklika hieß es: «Ist die Verfolgung einmal in Gang gekommen, dann werden Millionen von Menschen auf dem Boden ihres eigenen Vaterlandes der elementarsten Bürgerrechte und -privilegien beraubt, man verweigert ihnen den Schutz des Gesetzes gegen Gewalt und Diebstahl, Beleidigung und Schmach harren ihrer, man geht sogar so weit, das Brandmal des Verbrechers Personen aufzudrücken, die das Gesetz ihres Landes bis dahin peinlich genau befolgt haben. Sogar jene, die tapfer für das Vaterland gekämpft haben, werden wie Verräter behandelt; die Kinder derer, die auf dem Schlachtfeld gefallen sind, werden aufgrund der alleinigen Tatsache, wer ihre Eltern sind, für außerhalb des Gesetzes stehend erklärt.»

Warum hat der Vatikan dieses nie von den Kanzeln der katholischen Kirche verkünden lassen? Papst Pius XI., der Auftraggeber, starb Anfang 1939, wahrscheinlich hat er den Text nie gesehen. Unter seinem Nachfolger, dem zaudernden Pius XII., wurde das Papier im Archiv begraben.

Eine evangelische Christin, Studienrätin für Religion, Geschichte und Deutsch, versuchte 1935/36 ihre Kirche zum Widerstand aufzurütteln. Elisabeth Schmitz verfasste eine Denkschrift «Zur Lage der deutschen Nichtarier». Die Autorin war engagiertes Mitglied der Bekennenden Kirche, sie hatte bei Adolf von Harnack studiert, beim Historiker Friedrich Meinecke promoviert, sie korrespondierte mit Karl Barth und gehörte zum Kreis des Dahlemer Theologen Hellmut Gollwitzer. Aus christlicher Überzeugung schied sie 1936 aus dem Schuldienst aus, verließ Berlin und lebte in ihrer Heimatstadt Hanau. Das Memorandum der Elisabeth Schmitz stand im Gegensatz zur praktizierten lutherischen Theologie der Trennung von Gesetz und Evangelium, mit der die Judenverfolgung von der Evangeli-

schen Kirche toleriert wurde. Die Belege, mit denen die Denkschrift das Unrecht an den Juden dokumentiert, sind sämtlich
öffentlichen Medien des Jahres 1935 entnommen – das macht
den Text auch zum eindrucksvollen Dokument dessen, was von
den Zeitgenossen wahrzunehmen war, wenn sie vor der Diskriminierung und Ausgrenzung einer Minderheit nicht die Augen
verschlossen. Es spricht vieles dafür, dass die Berliner Bekennt-
nissynode im September 1935 die Denkschrift überhaupt nicht
zur Kenntnis nahm. Das Dokument ist zwar nicht der Verges-
senheit anheim gefallen, wohl aber die Autorin. Wilhelm Niemöller, der Chronist des evangelischen Kirchenkampfes, schrieb
die Denkschrift Marga Meusel, einem prominenteren Mitglied
der Bekennenden Kirche, zu (sie hatte tatsächlich ebenfalls und
fast zeitgleich einen Text zur Situation der evangelischen Christen jüdischer Herkunft verfasst). Elisabeth Schmitz ist zu Unrecht
vergessen, denn sie hat die Möglichkeiten und (selbstgesetzten)
Grenzen des Kirchenkampfes und christlicher Solidarität mit
den verfolgten Juden, und damit die Weigerung der Kirche, sich
durch politischen Widerstand gegen das NS-Regime zu engagieren, deutlich gemacht.

Offener Widerstand aus christlicher Gesinnung wurde nur von
einzelnen Personen, Pfarrern wie engagierten Laien, geleistet, die
sich zu Wort meldeten, um Unrecht beim Namen zu nennen. Die
Konsequenzen, die sie damit bewusst auf sich nahmen, hatten sie
allein zu tragen. Insgesamt sind während der NS-Herrschaft etwa
900 evangelische Christen – Pfarrer und Laien – verhaftet und
bestraft worden, wegen ihrer aus dem Glauben motivierten Widersetzlichkeit. Sie kamen ins Gefängnis oder ins KZ, zwölf sind
von der Justiz mit dem Tod bestraft worden.

Paul Robert Schneider war einer der Märtyrer des christlichen Widerstands gegen das Regime. Im Hunsrück in einer
reformierten rheinischen Pfarrfamilie geboren, war er ab 1915
Freiwilliger im Ersten Weltkrieg, studierte ab 1918 Theologie in
Gießen, Marburg und Tübingen. Er arbeitete nach dem Exa-
men 1922 in einer Eisenhütte in Dortmund-Hörde, um soziale
Erfahrung im industriellen Milieu zu sammeln, war 1923/24 in
der Berliner Stadtmission tätig. Nach der Ordination im Januar

1925 Hilfspfarrer in Essen, übernahm er 1926 die erste Pfarrstelle in Hochelheim und Dornholzhausen bei Wetzlar als Nachfolger seines Vaters.

Als Mitglied der Bekennenden Kirche exponierte sich Pastor Schneider früh gegen die nationalsozialistische Kirchenpolitik und predigte gegen Exponenten und Ideologen des Regimes wie Röhm, Goebbels, Rosenberg. Die Kirchenbehörde versetzte den regimekritischen Pfarrer auf Betreiben der NSDAP 1934 in die kleine Gemeinde Dickenschied und Womrath im Hunsrück, wo er weiter gegen die weltliche Obrigkeit opponierte. Bis 1937 war der Geistliche mehrfach von der Gestapo verhört und zweimal in «Schutzhaft» genommen worden, 1934 in Simmern, 1935 in Kirchberg. Im Februar 1937 schloss Pastor Schneider einen nationalsozialistischen Religionslehrer, der gegen die mehrheitlich der Bekennenden Kirche angehörenden Gemeinde agitierte, nach den Regeln der christlichen Bußzucht aus der Kirche aus. Aus der deshalb verhängten «Schutzhaft» im Gestapogefängnis Koblenz wurde er am 24. Juli 1937 entlassen und aus der Provinz Rheinland ausgewiesen. Wegen Missachtung des Aufenthaltsverbots wurde er am 3. Oktober 1937 erneut verhaftet und am 28. November in das KZ Buchenwald eingewiesen. Er hielt dort Andachten für die Mitgefangenen und wurde deshalb der «Prediger von Buchenwald» genannt. Wegen seiner unbeugsamen Haltung bestrafte ihn die SS mit Bunkerhaft und misshandelte ihn häufig. Die Kirchenbehörden betrieben während seiner KZ-Haft die Versetzung Schneiders in den Wartestand. Eine Predigt aus dem Bunkerfenster an die zum Appell angetretenen Häftlinge führte zu weiteren Lagerstrafen für den Geistlichen. Sein fundamentaler Widerstand war nicht zu brechen. Im Krankenrevier wurde er am 18. Juli 1939 mit einer Injektion ermordet. An seiner Beerdigung in Dickenschied am 21. Juli 1939 nahmen unter den Augen der Gestapo 200 Pfarrer aus ganz Deutschland teil, die meisten im Talar.

Die herausragende Gestalt des protestantischen Widerstands war wegen seiner regimekritischen Äußerungen und wegen seines mutigen Protestes in Predigten und Gottesdiensten Pfarrer Martin Niemöller. Niemöller (1892–1984) war vor dem Theo-

logiestudium Marineoffizier gewesen und hatte im Ersten Weltkrieg ein U-Boot kommandiert. Seit 1931 war er Gemeinde-
pfarrer in Berlin-Dahlem. Ursprünglich deutschnational einge-
stellt mit Sympathie für die NSDAP, profilierte sich Niemöller
im Herbst 1933 als Gründer des Pfarrernotbundes, dann in der
Bekennenden Kirche. Er missbilligte die Diskriminierung der
Juden, ihm schlossen sich im Pfarrernotbund mehr als 6000
gleichgesinnte Pastoren an. An Niemöller orientierten sich darüber hinaus viele Christen der Bekennenden Kirche. Niemöller
wurde im Juli 1937 verhaftet, er blieb bis zum Ende der
NS-Herrschaft im KZ. Als Kirchenpräsident von Hessen und
Nassau war er ab 1947 wegen seines Widerstands gegen das
NS-Regime und als radikaler Pazifist eine moralische Autorität.

Öffentlich hatte im Sommer 1941 der katholische Bischof von
Münster, Clemens August Graf von Galen, gegen die Ermordung
der Behinderten gepredigt. Der Münsteraner Bischof ließ keinen
Zweifel an der Absicht und dem Umfang der Morde, führte Zah-
len an und Namen von Anstalten, gab individuelle Beispiele, bezeichnete die Aktion als staatlich angeordneten Mord und ver-
wies auf die moralischen und gesellschaftlichen Folgen. Graf
Galens Predigt war der erste öffentliche Protest gegen die «Eutha-
nasie-Aktion», von der manche schon seit längerer Zeit wussten,
auch die Vertreter der Kirche. Der Bischof von Münster war seit
Juli 1940 informiert. Trotz intensiver Bemühungen war es ihm
nicht gelungen, Kardinal Bertram, den Vorsitzenden der katholischen Bischofskonferenz, zu einem offiziellen Protest im Namen der katholischen Kirche zu bewegen. Einer seiner Berater
hatte unter Hinweis auf die bedrängten katholischen Gläubigen
abgeraten, denn «jede Unvorsichtigkeit und Überstürzung
könnte sich sachlich mit weittragenden Folgen in seelsorger-
lich-kirchlichen Belangen überhaupt schwer schädigend auswirken». Deshalb nahm die katholische Kirche als Ganzes keine
Stellung gegen den Krankenmord aufgrund nationalsozialistischer Rassenideologie, dem mindestens 120 000 Menschen zum
Opfer fielen.

Der «Kirchenkampf» war kein Widerstand gegen ein Menschenrechte und göttliches Gebot verletzendes Regime, sondern

vor allem die Verteidigung institutioneller und religiöser An-
sprüche sowie kirchlicher Lebensräume der beiden Amtskirchen gegenüber einem Staat, der totale Verfügungsgewalt über
Menschen beanspruchte. Widerstand aus christlicher Überzeugung übersetzt in politisches Handeln blieb im Wesentlichen
Sache Einzelner. Aktive Christen, Geistliche und Laien, hatten
Anteil an den Überlegungen des Kreisauer Kreises zur Neugestaltung Deutschlands nach Hitler, wie sie auch an den Plänen
der Goerdeler-Gruppe mitarbeiteten.

Der evangelische Theologe Dietrich Bonhoeffer nahm von Anfang an Partei gegen die Nationalsozialisten. Sie belegten ihn,
der 1935 Leiter des Predigerseminars der «Bekennenden Kirche» wurde, deswegen mit Redeverbot. Bonhoeffer suchte schon
vor dem Krieg Kontakt zur Militäropposition und zum Goerdeler-Kreis; er warb in England für die Ziele der Opposition. Anfang April 1943 wurde er verhaftet, zwei Jahre später im KZ
Flossenbürg ermordet. Bonhoeffer leitete die Notwendigkeit
des Widerstands aus christlichen Grundpositionen ab. Grund-
sätzlich vertrat er den Standpunkt, der ihn schließlich von der
Kritik am NS-Regime zum politischen Widerstand führte: «Wenn
die Kirche den Staat in seiner Recht und Ordnung schaffenden
Funktion versagen sieht, d. h. wenn sie im Staat hemmungslos
ein zuviel oder zuwenig an Ordnung und Recht verwirklicht
sieht», müsse die Kirche an die Stelle des Staates treten und
«unmittelbar politisch» handeln.

In München engagierte sich der Jesuitenpater Augustin Rösch
seit 1941 in der Abwehr der nationalsozialistischen Angriffe auf
die Klöster. Er sammelte einen Kreis von Hitler-Gegnern, unter
ihnen Pater Alfred Delp (SJ), und versuchte die katholische
Bischofskonferenz zu einer schärferen Gangart gegen das
NS-Regime zu bewegen. Ab Winter 1941 arbeiteten die Jesuiten
Rösch, Delp und Lothar König im Kreisauer Kreis mit, von dort
aus liefen auch Fäden zu den Verschwörern des 20. Juli 1944.
Pater Delp wurde Ende Juli 1944 verhaftet und im Januar 1945
zum Tode verurteilt, Rösch war von Januar bis April 1945 in
Gestapo-Haft, Pater König blieb unentdeckt.

Eine christliche Glaubensgemeinschaft verweigerte sich dem

nationalsozialistischen Staat bedingungslos: Die Zeugen Jehovas oder Ernste Bibelforscher, wie sie damals genannt wurden. Die in Deutschland 25 000 Seelen zählende Gemeinde wurde 1933 verboten, etwa die Hälfte der Mitglieder setzte im Untergrund den «Verkündigungsdienst» fort. Die Zeugen Jehovas verweigerten den Heil-Hitler-Gruß und vor allem den Wehrdienst. Sie wurden deshalb unerbittlich verfolgt. Circa 10 000 kamen in Haft. Etwa 1200 Todesopfer forderte der Widerstand dieser Glaubensgemeinschaft, die 1936/37 auch in Flugblattaktionen die Bevölkerung über den verbrecherischen Charakter des NS-Staats aufzuklären suchte und sich dadurch über die Verteidigung ihrer Interessen hinaus gegen das Unrechtsregime engagierte.

5. Widerstand von unten: Georg Elsers Attentat im Münchner Bürgerbräukeller

Am Abend des 8. November 1939 gegen 20.45 Uhr verhafteten in Konstanz Zollbeamte einen 36-jährigen Mann, der illegal die Grenze zur Schweiz überschreiten wollte. Man fand bei ihm Aufzeichnungen über die Herstellung von Munition, Metallteile eines Zünders und eine Ansichtskarte des Münchner Bürgerbräukellers. Im Festsaal dieser Gaststätte explodierte wenig später, um 21.20 Uhr, eine Bombe. Sieben Menschen fanden sofort den Tod, über sechzig wurden verletzt, einer starb auf dem Weg ins Krankenhaus. Gegolten hatte der Anschlag Adolf Hitler, der jedes Jahr an diesem Ort seine Getreuen aus der «Kampfzeit der NSDAP» um sich scharte, um des Putschversuches zu gedenken, der am 8. November 1923 im Bürgerbräukeller begonnen hatte. Hitler hatte die Veranstaltung schon gegen 21.10 Uhr verlassen, weit früher als gewöhnlich.

Dass Hitler der Bombe, die in einer Säule direkt hinter dem Rednerpult detonierte, so knapp entging, wurde von der nationalsozialistischen Propaganda als Fügung des Schicksals, als

Akt der «Vorsehung» gefeiert, andererseits aber gerade deswegen von vielen als heimtückische Inszenierung der Nazis selbst angesehen. Um die Unverletzlichkeit und Unangreifbarkeit des Führers zu demonstrieren, hätten die Nationalsozialisten das Leben der eigenen Leute geopfert, meinten diejenigen, die an einen Propagandatrick glaubten. Zuzutrauen war das den nationalsozialistischen Technikern der Macht, aber es entsprach ebenso wenig den Tatsachen wie die Behauptung des Propagandaministers Goebbels und der fixen Idee Hitlers, nach der ausländische Auftraggeber hinter dem Anschlag steckten.

Den Attentäter hatte man rasch ermittelt. Der beim illegalen Grenzübertritt in Konstanz festgenommene Mann, Georg Elser, in dessen Tasche das Bild des Tatorts und allerlei weitere Beweisstücke gefunden wurden und den man zuerst nur der Fahnenflucht verdächtigte, legte am 14. November 1939 ein Geständnis ab.

Wer war dieser Mann und was hatte ihn zu seiner Tat bewogen? Georg Elser, 1903 in Hermaringen im Landkreis Heidenheim in Württemberg geboren, wuchs in sehr einfachen Verhältnissen auf. Er war in der Volksschule ein mittelmäßiger Schüler, schloss aber 1922 die Schreinerlehre als Jahrgangsbester ab. Nach der damals noch üblichen Wanderschaft arbeitete er als Schreinergeselle, ab 1932 im heimatlichen Königsbronn. Elser interessierte sich nicht für Politik. Er wählte bis 1933 zwar regelmäßig die KPD, weil er glaubte, diese Partei vertrete am ehesten die Interessen der Arbeiter; er trat auf das Werben eines Arbeitskollegen sogar in den «Roten Frontkämpferbund» ein. Elser setzte sich aber weder mit den politischen Zielen der Kommunisten auseinander noch nahm er sie eigentlich zur Kenntnis.

Elser war ein verschlossener Einzelgänger, er hatte einen ausgeprägten Sinn für Recht und Gerechtigkeit und in seiner Berufsehre als Schreiner war er empfindlich. Die Motive, die Georg Elser für seinen Bombenanschlag nannte, waren ein vernichtendes Urteil über die NS-Herrschaft, gesprochen von einem einfachen Mann aus dem Volke, der nicht an politische oder weltanschauliche Theorien gebunden war. Elser war aufgrund ganz handfester Tatsachen zur Überzeugung gekommen, dass sich die Lage der kleinen Leute, um deren Wohl die NSDAP angeblich so besorgt war, drastisch verschlechtert hatte, seit die Nationalsozialisten an der Macht waren: weniger Lohn, höhere Abzüge, Verlust individueller Freiheiten.

Elser, ein geschickter Handwerker, konstruierte eine Bombe mit einem Zündmechanismus aus zwei Uhrwerken, beschaffte sich in einer Armaturenfabrik und in einem Steinbruch, wo er vorübergehend beschäftigt war, Sprengstoff und begann Monate vor dem Anschlag mit dem Einbau des Sprengkörpers im Festsaal des Bürgerbräukellers in einer Säule hinter dem Rednerpult. Abend für Abend schlich Elser in den Saal, ließ sich nach der Sperrstunde einschließen, arbeitete die Nacht über und beseitigte jedes Mal die Spuren.

Über sein Motiv konnte Elser trotz aller Misshandlungen bei den Verhören nichts anderes mitteilen als die Wahrheit: Die seit 1933 von ihm beobachtete Unzufriedenheit in der Arbeiterschaft und seit Herbst 1938 die Gewissheit, dass ein Krieg unvermeidlich sei, wenn Hitler an der Macht bliebe, hätten ihn zu seiner Tat bewogen: «Ich stellte allein Betrachtungen an, wie man die Verhältnisse der Arbeiterschaft bessern und einen Krieg vermeiden könnte. Hierzu wurde ich von niemandem angeregt, auch wurde ich von niemandem in diesem Sinne beeinflußt.» Unter dem Eindruck der Sudetenkrise im Herbst 1938 war Elser zu der Einsicht gekommen, dass Hitler einen Eroberungskrieg plante.

Elsers Gefühl für Anstand, Redlichkeit und Moral machte ihn zum Gegner des nationalsozialistischen Staates. Die Rettung vor dem drohenden Krieg erhoffte er durch den Tyrannenmord. Das war für den schwäbischen Handwerksgesellen die Lösung, die er einsam und allein beschlossen hatte und über die er mit seinem Gewissen lange zu Rate gegangen war: «Wenn ich gefragt werde, ob ich die von mir begangene Tat als Sünde im Sinne der protestantischen Lehre betrachte, so möchte ich sagen ‹im tieferen Sinne› nein! ... Ich wollte ja auch durch meine Tat ein noch größeres Blutvergießen verhindern.»

Der Polizei war es nicht schwer gefallen, Elser als den Attentäter zu identifizieren. Indizien waren auch seine geschwollenen und vereiterten Knie: Die Gestapo wusste, dass die wochenlange Arbeit zur Vorbereitung des Sprengsatzes in der Säule kniend verrichtet worden war und bestimmt Spuren hinterlassen hatte. Nach Folter und vielen Verhören wurde er ins KZ Sachsenhausen eingeliefert, wo er vier Jahre in Einzelhaft saß.

Wegen der bevorzugten Behandlung, die er genoss – dazu gehörten eine Hobelbank, die Erlaubnis Zither zu spielen und Essen aus der SS-Kantine – entstand das Gerücht, er sei SS-Mitglied und habe das Attentat für Zwecke der NS-Propaganda fingiert. Auch Pastor Niemöller, der ebenfalls im Zellenbau des KZ Sachsenhausen in Einzelhaft saß, glaubte und behauptete über 1945 hinaus, Elser sei ein Spitzel und Mitglied der SS gewesen. Die Vorzugsbehandlung des Bürgerbräu-Attentäters hatte ihren Grund darin, dass Hitler ihm nach dem «Endsieg» einen Schauprozess machen und ihn dabei als «Agenten des britischen Geheimdienstes» entlarven wollte. Anfang 1945 wurde Elser ins KZ Dachau evakuiert und dort am 9. April 1945 ermordet, am gleichen Tag wie die berühmten Widerstandskämpfer Wilhelm Canaris, Hans Oster und Dietrich Bonhoeffer in Flossenbürg und Hans von Dohnanyi in Sachsenhausen.

6. Opposition der jungen Generation

Drei Grundformen und zwei zeitliche Phasen (die erste 1933 bis 1939, die zweite in den Kriegsjahren) des Widerstands junger Menschen sind zu unterscheiden. Es gab erstens Gruppen, die unter politischen, religiösen oder anderen weltanschaulichen Vorzeichen schon vor 1933 existiert hatten und die versuchten, ihre Traditionen im NS-Staat weiterzuleben. Es entstanden zweitens neue Gruppierungen, deren Motiv die Gegnerschaft zum Nationalsozialismus bildete. Dazu gehörte z. B. der Freundeskreis um Walter Klingenbeck, eine Gruppe katholischer Jugendlicher in München, die 1941/42 mit selbstgebauten Rundfunksendern regimefeindliche Nachrichten verbreitete und zum

Kampf gegen Hitler aufrief. Klingenbeck wurde im August
1943 von der NS-Justiz hingerichtet, zwei Freunde wurden zu
Zuchthausstrafen verurteilt. Eine andere Gruppe scharte sich
um Hanno Günther in Berlin; die Mitglieder kamen aus der
Rütli-Schule in Neukölln und verteilten ab 1939 Zettel und
selbstgefertigte Flugschriften gegen den Krieg und den NS-Staat.
Wieder andere junge Menschen machten das Gleiche in Hamburg. Sie bildeten den Freundeskreis von Helmuth Hübener und
gehörten der Religionsgemeinschaft der Mormonen an. Die
dritte Grundform jugendlicher Opposition war wenig struktu-
riert und kaum organisiert. Jugendliche, die sich mit regionalen
Schwerpunkten wie Köln oder Leipzig zusammenfanden, waren
meist weniger durch politische Motive angetrieben als vom Bedürfnis der Auflehnung gegen gesellschaftliche Normen und der
Verweigerung gegenüber den Zwängen staatlicher Bevormun-
dung. Der Konformität der Hitlerjugend setzten sie Individuali-
tät entgegen und provozierten durch regelwidriges Verhalten
wie lange Haare, aufgesetzt zur Schau getragenen «britischen»
Lebensstil und Vorliebe für verpönte Musik.

Edelweißpiraten, Meuten, Swingjugend

Vor allem in den Kriegsjahren bildeten sich an vielen Orten Cliquen und Banden, deren Opposition zunächst in der Ablehnung
der HJ bestand. Sie wurden bekannt unter Namen wie «Edelweißpiraten», «Swing-Jugend», «Meuten». Durch ihre bloße
Existenz bereiteten sie den Behörden viel Verdruss. Im Herbst
1944 gab der «Reichsführer SS und Chef der Deutschen Polizei», Heinrich Himmler, einen Erlass heraus, in dem es hieß: «In
allen Teilen des Reiches, insbesondere in größeren Städten haben sich seit einigen Jahren – und in letzter Zeit in verstärktem
Maße – Zusammenschlüsse Jugendlicher (Cliquen) gebildet.
Diese zeigen z. T. kriminell-asoziale oder politisch-oppositio-
nelle Bestrebungen und bedürfen deshalb, vor allem in Hinblick
auf die kriegsbedingte Abwesenheit vieler Väter, Hitler-Jugend-
Führer und Erzieher, einer verstärkten Überwachung.»
    Der pauschale Vorwurf «asozialen Verhaltens» war im NS-

Staat gegen unangepasste Personen und Gruppen schnell zur Hand. Er brauchte auch nicht bewiesen zu werden, wenn man als «Asozialer» ins KZ eingeliefert wurde. Bei den einige tausend Jugendliche umfassenden Gruppen, die unter dem Sammelnamen «Edelweißpiraten» verfolgt wurden, waren die Grenzen zwischen provokativ zur Schau getragenem selbstbestimmten Jugendleben («Herumlungern», Ablehnung bürgerlicher Ordnungsvorstellungen) und tatsächlicher Kriminalität fließend. Außer wegen Prügeleien mit HJ-Streifen wurden «Edelweißpiraten» auch wegen strafrechtlicher Delikte wie Schwarzhandel oder Einbruch verurteilt. Entwurzelung und Großstadtkriminalität unter extremen Lebensumständen am Ende des Krieges waren in der Regel stärkere Triebkräfte als politische Motive. Die Verfolgung jugendlicher Cliquen förderte wiederum deren Abneigung gegen den Staat. So mischten sich auch die Beweggründe im berühmtesten Fall: In Köln-Ehrenfeld versuchten Jugendliche nach einer Reihe von Gewalttaten das Gestapo-Gebäude in die Luft zu sprengen. Nach einer anschließenden Schießerei wurden die Mitglieder einer Gruppe von «Edelweißpiraten» ohne Gerichtsurteil öffentlich erhängt.

Im Rheinland und im Ruhrgebiet, namentlich in Großstädten wie Köln, Düsseldorf und Essen, gab es etliche dieser nach ihrem Erkennungszeichen «Edelweißpiraten» genannten Jugendlichen. Sie demonstrierten in Auftreten und Kleidung einen Lebensstil, der mit bündischen und proletarischen Elementen deutlich von der Staatslinie abwich. Ähnlich nonkonformes Verhalten zeigten «die Schlurfs» in Wien und Gruppen in anderen Regionen, wie in Sachsen oder in Frankfurt am Main. Ebenso der oppositionellen jugendlichen Subkultur zuzurechnen sind die Leipziger oder Erfurter «Meuten», die «Proletengefolgschaften» in Halle und andere Gruppen. Gemeinsam war ihnen die Herkunft aus dem Arbeitermilieu.

Aus anderer Wurzel, nämlich dem großstädtisch-bürgerlichen Milieu, entstand etwa ab 1939 eine eigene jugendliche Subkultur, die «Swing-Jugend» mit Schwerpunkt in Hamburg. Durch betont lässiges Auftreten, langes Haar und unmilitärische Kleidung, durch forciert angelsächsisches Gehabe und die Bevorzugung ausländischer, in Deutschland verpönter Musikstile (Swing und Jazz), provozierten diese Jugendlichen die NS-Behörden. Die Reaktion war Verfolgung und Einweisung von «Swing-Jugendlichen» ins KZ. Ohne dass ausdrückliche politische Aktivitäten entfaltet wurden, betrachtete das Regime diese Art der Verweigerung als Widerstand und reagierte entsprechend.

Studentischer Widerstand: Die Weiße Rose

Als Widerstand der jungen Generation wurde nach 1945 lange Zeit fast ausschließlich das Engagement der Studenten der Weißen Rose in München oder der Kampf der jungen Arbeiter um Herbert Baum in Berlin wahrgenommen. Beide Gruppen gehörten, weil es sich um junge Erwachsene handelte, wohl weniger zum Jugendprotest und beide Gruppen hatten weit über ihre Verweigerung gegenüber dem Regime hinausgehende politische Absichten.

An den Universitäten gab es nur wenig Widerstand gegen den Nationalsozialismus. Die Studentenschaft hatte die Hitler-Bewegung weithin begeistert begrüßt und ihr schon vor 1933 die Wege in den Universitäten geebnet. Im Zweiten Weltkrieg regte sich aber auch studentischer Protest. Es waren andere Motive als in den Jahren bis 1939 und auch eine andere Studentengeneration, die den Protest formulierte. Die Widerstandsgruppe, die am meisten beachtet wurde, war die Weiße Rose in München. Den Kern dieser Gruppe bildeten fünf Studenten, zwischen 21 und 25 Jahren alt: Hans und Sophie Scholl, Willi Graf, Christoph Probst und Alexander Schmorell. Ihr Mentor war Professor Kurt Huber, der schon vorher mit den Nationalsozialisten in Konflikt geraten war. Zur Weißen Rose gehörten noch etwa ein Dutzend Studenten, Intellektuelle, Künstler, es war ein nicht organisierter Freundeskreis.

Im Juni und Juli 1942 tauchten in München nacheinander vier Flugblätter auf, verfasst im Wesentlichen von den beiden Medizinstudenten Hans Scholl und Alexander Schmorell. Diese Flugblätter richteten sich an das gebildete Bürgertum, aus dem die Verfasser stammten. In pathetischer Sprache, mit vielen Zi-

taten aus der klassischen Literatur und christlich-moralischen
Appellen wurde zum passiven Widerstand gegen den verbrecherischen Krieg des Hitler-Regimes aufgerufen. Die christlich-
humane Prägung der Studenten aus konservativem Elternhaus
war unverkennbar. Ebenso der aus der bündischen Jugendbewegung stammende moralische Rigorismus. Ihr Idealismus und
ihr unbedingtes Bekenntnis zur Humanität machten den Widerstand der Münchner Studenten überzeugend. Der Einfluss ihres
Lehrers, Professor Kurt Huber, legte den Grund für die oppositionelle Haltung der Studenten. Kriegsdienst in einer Studen-
tenkompanie an der Ostfront führten Willi Graf, Alexander
Schmorell und Hans Scholl im Sommer 1942 die Sinnlosigkeit
und Grausamkeit des Krieges vor Augen und bestärkten sie in
der Absicht, nach ihrer Rückkehr im November 1942 Widerstand durch politische Aufklärung der Öffentlichkeit zu leisten.

Die beiden letzten Flugblätter der Weißen Rose unterschieden
sich stilistisch und im Inhalt deutlich von den schöngeistigen
und literarischen ersten vier Botschaften. Präzise und politisch
unmissverständlich verwiesen die Verfasser im Januar und im
Februar 1943 auf die aussichtlose Kriegslage nach der Katastrophe von Stalingrad und riefen zum aktiven Kampf gegen den
NS-Staat auf, dessen Verbrechen sie beim Namen nannten.

Beim Abwurf von Flugblättern im Lichthof der Münchner
Universität wurden die Geschwister Scholl von einem Haus-
meister festgehalten und einer Gestapo-Sonderkommission über-
geben. Vier Tage später standen sie zusammen mit Christoph
Probst vor dem Volksgerichtshof. Die Todesurteile wurden
noch am gleichen Tag vollstreckt. Im April 1943 gab es einen
zweiten Prozess gegen vierzehn weitere Mitglieder der Weißen
Rose. Willi Graf, Kurt Huber und Alexander Schmorell wurden
zum Tode verurteilt, die anderen zu Haftstrafen.

Junge Arbeiter: Die Herbert-Baum-Gruppe

Von ganz anderer Herkunft waren die Mitglieder des Widerstandskreises, den der gelernte Elektriker Herbert Baum zusammen mit seinem Freund Martin Kochmann (er war als Kauf-

mann ausgebildet, aber als Arbeiter beschäftigt) und ihren Frauen Sala und Marianne in Berlin um sich geschart hatten. Diese vier kannten sich seit der Schulzeit, sie waren gleichaltrig, 1912 geboren und damit etwas älter als die Studenten der Weißen Rose. Aber die anderen Mitglieder der Herbert-Baum-Gruppe, etwa einhundert Menschen, waren erheblich jünger. Sie kamen meist aus der jüdischen Jugendbewegung. Bemerkenswert war auch, dass in dieser Berliner Widerstandsgruppe des Arbeiter- und Kleinbürgermilieus, die durch ihre ideologische Nähe zu Sozialisten und Kommunisten eine besondere Stellung hatte, der Anteil von Mädchen und Frauen groß war.

Das Ehepaar Baum und die Kochmanns hatten bis 1933 offiziell im kommunistischen Jugendverband Deutschlands gearbeitet. Die illegale Fortsetzung dieser Tätigkeit und ihr Engagement in der jüdischen Jugendbewegung leitete über zu den Widerstandsaktivitäten, die sie mit doppelter Motivation als linke politische Gegner der Nationalsozialisten und als diskriminierte und verfolgte Juden betrieben.

Die Herbert-Baum-Gruppe, die sich schon in den 1930er Jahren formierte, leistete mit dem Malen von Parolen im öffentlichen Raum, durch das Verteilen von Flugblättern und durch Solidaritätsaktionen mit Zwangsarbeitern tatsächlich Widerstand gegen das «Dritte Reich». Anfang 1941 schlossen sich junge jüdische Zwangsarbeiter eines Elektromotorenwerkes des Siemens-Schuckert-Konzerns der Herbert-Baum-Gruppe an.

Höhepunkt und Ende ihres Widerstands war ein Brandanschlag auf die von den Nationalsozialisten inszenierte antikommunistische Propagandaausstellung «Das Sowjetparadies». Sie war am 8. Mai 1942 am Berliner Lustgarten eröffnet worden. Zehn Tage später versuchten Herbert Baum und seine Freunde, die Ausstellung, die rassistische, kulturelle und politische Vorurteile zu einem primitiven Bild der Sowjetunion zusammenfügte, in Brand zu setzen. Eine gleichzeitige Flugblattaktion, an der auch Mitglieder anderer Widerstandsgruppen (Rote Kapelle) beteiligt waren, sollte zusammen mit dem Brand ein Zeichen setzen, dass es Widerstand gegen den Nationalsozialismus gab. Der Brand richtete nur geringen Schaden an und war rasch gelöscht, gegen die Täter schlug die Gestapo wenige Tage später zu. Möglicherweise wurden Baum und andere Beteiligte denunziert. In mehreren Prozessen wurden über zwanzig Mitglieder der Gruppe zum Tode verurteilt. Herbert Baum kam nach schweren Folterungen in der Haft ums Leben, wahrscheinlich durch Freitod.

Die Nationalsozialisten hielten die Widerstandsaktionen geheim, was zeigte, wie verunsichert sie dadurch waren. Zu den Wirkungen des Brandanschlags gehörte auch das Gerücht, die Nazis hätten aus Rache spontan fünfhundert Berliner Juden festgenommen und 250 sofort erschossen. Diese Nachricht verbreitete sich auch im Ausland. Damit war, auch wenn es so nicht den Tatsachen entsprach, eine Wirkung erzielt, die von der Baum-Gruppe erhofft war, nämlich die Verbreitung der Kunde, dass es Widerstand in Deutschland gab. Die Ermordung von 250 Juden war in Wirklichkeit jedoch eine Repressalie auf das etwa zeitgleiche Attentat gegen Reinhard Heydrich, den Stellvertreter des «Reichsprotektors» in Prag gewesen.

Der Nachruhm der Herbert-Baum-Gruppe war gering, gemessen an der Anteilnahme, die der akademische Protest der Weißen Rose schon früher gefunden hatte. Die Motive der jungen Arbeiter in Berlin waren jedoch in dem entscheidenden Punkt dieselben wie die der Studenten in München und Hamburg: Es ging ihnen um die Überwindung eines verbrecherischen Systems, das die Welt mit Krieg überzog im Namen einer Ideologie, die Rassenhass und Herrenmenschentum zum Dogma erhob.

7. Widerstand von Juden und Widerstand für Juden

Jüdischer Widerstand

Jüdischer Widerstand auf dem Territorium des Deutschen Reiches war aus vielen Gründen kaum möglich. Der allmähliche Übergang von der Diskriminierung zur Verfolgung ließ bis zu den Novemberpogromen 1938 noch Illusionen über die Vernichtungsabsichten der NS-Ideologie zu. Der Grad existentieller Bedrohung war für die deutschen Juden nicht unmittelbar zu erkennen, bis zum Beginn der Deportationen bzw. der Kennzeichnungspflicht 1941 erschien mit Einschränkungen jüdisches Leben auch unter NS-Herrschaft noch möglich. Die deutsche Judenheit war überdies durch Sozialisation und nach Selbstempfinden nicht zum Widerstand gegen die Staatsmacht prädestiniert. Die deutschen Juden waren überwiegend patriotisch und die nationalsozialistischen Vernichtungsabsichten – weit jenseits alltäglichem Antisemitismus – überstiegen jede Phantasie. Schließlich beherrschten die Sorgen um die Existenz, das Bemühen um Fluchtmöglichkeiten aus Deutschland und zuletzt noch für eine Minderheit ab 1942 die Hoffnung auf das Überleben im Untergrund das Denken der deutschen Juden.

Widerstand war allenfalls als Selbstbehauptung, aber nicht als offensive Aktion gegen den Nationalsozialismus und dessen Repräsentanten und Funktionäre möglich. Jüdische Selbstbehauptung wurde anlässlich der Boykottaktion 1933 erstmals öffentlich artikuliert: Der Kaufhaus-Besitzer Erich Leyens in Wesel verteilte z. B. am 1. April 1933 vor seinem Geschäft Flugblätter, in denen er auf seinen Militärdienst im Ersten Weltkrieg hinwies, und verschaffte sich damit Achtung. Bis zur «Reichskristallnacht» 1938 boten sich zu solchen Demonstrationen noch Möglichkeiten, später verweigerten einige auch noch die Zwangsvornamen Sarah und Israel oder ab 1941 gar das Tragen des Judensterns. Dann gab es nur noch zwei Optionen für deutsche Juden, sich der Judenpolitik des Regimes zu widersetzen. Die eine war das Verschwinden in der Illegalität, die andere war der Selbstmord, durch den sich nicht wenige Juden der Deportation entzogen.

Ebenso wenig wie es kirchlichen Widerstand gegeben hat, der nach dem Willen amtskirchlicher Kreise Positionen des Christentums gegen den Nationalsozialismus behauptet hat, gab es einen organisierten jüdischen Widerstand. Deutsche Juden haben als Einzelpersonen aus politischen Gründen im Spanischen Bürgerkrieg gegen den Faschismus gekämpft, andere haben sich als Emigranten in die Streitkräfte der Antihitlerkoalition einge-

reiht und dazu beigetragen, Deutschland und Europa zu befreien. Wie der Widerstand aus christlicher Gesinnung nur individuell geleistet wurde, so war auch jüdischer Widerstand eine
persönliche Haltung einzelner Juden mit nur geringem Aktions-
raum.

Das Bedürfnis, von kraftvollem und würdigem jüdischen Widerstand zu erzählen und dieses Narrativ in der historischen
Tradition zu verankern, hat nachvollziehbare politische Gründe,
denen die Geschichtswissenschaft aber weithin nicht entsprechen kann. Die bekannten Aufstände in Ghettos und Vernichtungslagern auf polnischem Territorium, der emblematische
Heroismus im Warschauer Ghetto, die Existenz jüdischer Partisanen in Weißrussland sind nicht repräsentativ für einen jüdischen Widerstand, der in Deutschland und im west- und mittel-
europäischen Machtbereich des Nationalsozialismus gar nicht
geleistet werden konnte. Anstrengungen, die Summe einzelner
weit verstreuter jüdischer Aktivitäten zum Bild eines omniprä-
senten jüdischen Widerstands zu gestalten, hat etwa der Ho-
locaustüberlebende Arno Lustiger unternommen und sein Erfolg als ehrgeiziger Schriftsteller bestand darin, dass er das
Thema öffentlich machte. Seinen Vorstellungen zu folgen setzte
allerdings viel guten Willen bei seinem Publikum voraus.

Der große Raum, den jüdische Partisanen in der von Yad
Vashem herausgegebenen Enzyklopädie des Holocaust einneh-
men, verrät die gleiche Absicht, jüdischen Widerstand zum un-
verrückbaren Element der Historiographie des Judenmords zu
machen. Raoul Hilberg, der Nestor der Holocaustforschung,
der die Existenz jüdischen Widerstands auf Grund seiner Quel-
lenkenntnis bestritt, war deshalb in Israel wenig beliebt und
wurde dort offiziell nicht gewürdigt.

Wer vom «jüdischen Widerstand» im «Dritten Reich» spricht,
meint drei Kreise, in denen sich überwiegend junge Menschen
zusammengefunden hatten: Die «Gemeinschaft für Frieden und
Aufbau», «Chug Chaluzi» und die «Herbert-Baum-Gruppe».
Die kleine Widerstandsgruppe «Gemeinschaft für Frieden und
Aufbau» aus Juden und ihren nichtjüdischen Freunden existierte mit etwa 30 Mitgliedern vom Herbst 1943 bis Oktober

1944 in Berlin und Luckenwalde. Ihre Aktivitäten bestanden in der Verbreitung von drei Flugblättern, mit denen sie die Bevölkerung zum Widerstand gegen das Hitlerregime und gegen den Krieg aufriefen. Mit der Verhaftung von Hans Winkler und Werner Scharff, den Führern der Gruppe, endeten die Aktivitäten. Gegen 16 nichtjüdische Mitglieder der Gruppe wurde Anklage wegen Hoch- und Landesverrats sowie Wehrkraftzersetzung erhoben, die jüdischen Mitglieder kamen in Gestapohaft. Der vor dem Volksgerichtshof angesetzte Prozess fand wegen des Kriegsendes nicht mehr statt. Die Mehrzahl der Juden überlebte, Werner Scharff wurde im KZ Sachsenhausen ermordet.

Die einzige Gruppe, für die wenigstens das Attribut «jüdisch» voll zutraf, bestand unter der Führung des Zionisten Jizchak Schwersenz aus zunächst etwa elf Jugendlichen, die sich am Tag der Fabrikaktion, dem 27. Februar 1943, entschlossen, ihr Leben in der Illegalität zu retten, um sich später am Aufbau Israels zu beteiligen. Die Gruppe nannte sich Chug Chaluzi (Kreis der Pioniere). Die jungen Juden trafen sich regelmäßig, tauschten Informationen aus und pflegten ihr religiöses Leben. Widerstandsaktionen über die Rettung der eigenen Existenz hinaus waren ihnen nicht möglich. Edith Wolff, aus einer «Mischehe» stammend und damit nicht zur Illegalität gezwungen, spielte als Helferin, die Verbindung zu anderen Gruppen, insbesondere zur Bekennenden Kirche, hielt, eine wichtige Rolle für Chug Chaluzi. Edith Wolff wurde im Juni 1943 verhaftet. Jizchak Schwersenz floh im Februar 1944, unterstützt von Fluchthelfern, in die Schweiz. Die gegen Kriegsende rund 40 Mitglieder der Gruppe Chug Chaluzi lebten bis Mai 1945 illegal in Berlin.

Die größte «jüdische» Widerstandsgruppe von zuletzt etwa 100 jungen Menschen beiderlei Geschlechts, die Herbert-Baum-Gruppe in Berlin, hatte außer der Herkunft aus jüdischen Organisationen wie den «Deutsch-Jüdischen Wanderbundkameraden», den zionistischen «Haschomer Hazair», der «Deutsch-Jüdischen Jugendgemeinschaft» und anderen auch eine ideologische Gemeinsamkeit: die kommunistische (teils auch linkszionistische oder sozialistische) Gesinnung.

«Rettungswiderstand»

Lange Zeit unbeachtet blieben diejenigen, die ihre Abneigung gegen den NS-Staat durch Hilfe für verfolgte Juden zeigten. Der Ehrentitel «Stille Helden» wurde nachträglich für sie geprägt, seit kurzer Zeit beginnt sich der Terminus «Rettungswiderstand», propagiert wiederum vom Holocaustüberlebenden Lustiger, für die Helfer von Juden einzubürgern.

Den sechs Millionen im Holocaust ermordeten Juden Europas stehen einige 10 000 gerettete gegenüber, die durch die Hilfe nichtjüdischer Mitmenschen überlebten. Eine bescheidene Bilanz, in der die Retter zunehmend zu Heroen verklärt werden, zu Symbolgestalten einer Moral, die nur von wenigen gelebt, aber zum Vorbild für die Nachwelt erhoben wurde. Die Geretteten erscheinen in dem Bild der heroischen Helfer, das einen Aspekt hervorhebt und die anderen darüber vernachlässigt, als Objekte der Fürsorge und Zuwendung, denen im Kontext der Katastrophe Gutes widerfuhr. Die Anstrengung, das Überleben zu organisieren, war freilich in erster Linie Sache der Juden selbst, ebenso der Mut und das Geschick, extreme Situationen zu meistern, die Todesangst, die Verzweiflung, die Isolation, die existentielle Not über einen langen Zeitraum hinweg. Der Versuch, in der Illegalität zu überleben, war vor allem Selbstbehauptung und jüdischer Widerstand gegen den Nationalsozialismus. Und nur wenige waren in ihrem Widerstand erfolgreich.

Es gab viele Formen der Solidarität mit verfolgten Juden. Hilfe zur Flucht ins Ausland gehörte zu den frühesten Möglichkeiten; je länger die nationalsozialistische Herrschaft dauerte und in den besetzten Territorien zumal, wurde das Verbergen von Juden, die Schaffung falscher Identität, die Nichtpreisgabe von Wissen um die echte jüdische Identität oder gar der energische Einsatz zur Rettung jüdischen Lebens zur gefährlichen Widerstandshaltung der Helfer.

In Deutschland befanden sich, als das nationalsozialistische Regime im Herbst 1941 die Stigmatisierung mit dem Judenstern befahl und die Auswanderung verbot, noch etwa 170 000 Juden bzw. Menschen, die durch die Nürnberger Gesetze zu Juden erklärt worden waren. Ein erheblicher Teil von ihnen, etwa 73 000, lebte in Berlin, viele von ihnen waren dorthin gezogen, weil die große Stadt besseren Schutz vor Diffamierung bot, weil Emigrationsabsichten wegen der ausländischen Vertretungen in der Metropole besser zu verfolgen waren, weil jüdische Organisationen Unterstützung, Rat und Hilfe boten. Die Mehrzahl der Rettungsversuche von Juden wird aber auch deshalb aus Berlin berichtet, weil in der Anonymität der Metropole die Chancen unterzutauchen, sich im Untergrund zu behaupten, mit Helfern, die Obdach und Nahrung boten oder gar Ausweise und Lebensmittelkarten beschaffen konnten, größer waren als in kleineren Orten.

Mit dem Beginn der Deportationen und dem Auswanderungsverbot im Herbst 1941 blieb den deutschen Juden die Flucht in den Untergrund als einzige Option, zugleich als letzte Form des Widerstands. Statt sich den Vernichtungswünschen der Nationalsozialisten zu fügen, durch pünktliches Einfinden im Sammellager, durch Mithilfe bei der Auflösung der bürgerlichen Existenz und geordnete Übergabe des Eigentums, entschloss sich eine kleine Minderheit zum Risiko des Lebens in der Illegalität, ohne Ausweisdokumente, ohne Lebensmittelkarten, damit ohne Anrecht auf Nahrung, Kleidung, Obdach, Schutz vor Bomben.

Zu den Gefährdungen des Lebens im Untergrund gehörte die Denunziation durch fanatische Nazis wie durch ängstliche Opportunisten oder Geldgierige, die auf Belohnung hofften. Die jüdischen «Greifer» in Diensten der Gestapo, die, um ihre eigene Haut zu retten, Juden im Untergrund aufspürten und ans Messer lieferten, machten das Untertauchen noch gefährlicher als es ohnehin war. Aber auch Nachbarn und Freunde, denen die «U-Boote» vertrauten, denen sie Wertsachen übergaben, erwiesen sich oft als verführbar durch das Eigentum derer, die auf sie bauten, und wurden zu «Judenfledderern», die sich nicht mehr an untergestelltes Gepäck erinnern konnten oder nur so lange hilfreich waren, als sie gut bezahlt wurden für ihr Schweigen und andere Leistungen.

Stand die Mehrheit der Deutschen den Boykottaktionen des

Jahres 1933 noch deutlich ablehnend gegenüber, so erhob sich
schon kein Protest mehr gegen die Nürnberger Gesetze von
1935 und gegen die Berufsverbote und «Arisierungen». Bei den
Pogromen der «Kristallnacht» im November 1938 erfolgten die
Sympathiebekundungen und Hilfen für jüdische Nachbarn und
Kollegen meist nur noch im Verborgenen. Die Verfolgten mussten danach viel Glück haben, wenn sie auf Retter – Uneigennüt-
zige wie Gewinnsüchtige – angewiesen waren. Trotzdem gibt es
Tausende von Fällen der Solidarität und Hilfe, die in Erlebnisberichten und autobiographischen Zeugnissen dokumentiert
sind.

Manche hatten sich spontan entschlossen, den Weg der Illegalität zu wählen, andere hatten ihre «Flucht» lange geplant,
sich falsche Papiere besorgt, Lebensmittelvorräte in verschiedenen Verstecken angelegt und die Lage mit den künftigen Helfern
besprochen. Erste Anlaufstation waren oft in «Mischehe» le-
bende oder nichtjüdische Verwandte, aber auch ehemalige
Hausangestellte. Viele Helfer, die zunächst Unterstützung an-
geboten und Juden, manchmal sogar Familien mit kleinen Kin-
dern, aufgenommen hatten, wurden sich erst allmählich darüber klar, welcher Gefahr sie sich selbst und ihre Familien
aussetzten. Die durch den Zuzug beengten Verhältnisse und die
daraus resultierenden zwischenmenschlichen Spannungen sowie das ständige Lauern auf jede drohende Gefahr machten das
Leben für Helfer und Untergetauchte schwer erträglich.

Es ist unbekannt, wie viele Juden im nationalsozialistischen
Machtbereich durch die Solidarität, durch den Einsatz von
nichtjüdischen Mitbürgern gerettet wurden. Die Geschichte so-
lidarischen Handelns gegenüber der tödlich bedrohten jüdischen Minderheit unter der Diktatur des NS-Regimes entzieht
sich auch systematischer Betrachtung, die durch Generalisie-
rung Typisches und Allgemeingültiges zu fixieren versucht. Die
Geschichte der Geretteten und ihrer Retter besteht vor allem
aus einzelnen Schicksalen. Sie stehen jeweils für sich allein.

Oskar Schindler, der Fabrikant, dem es in Krakau gelang,
tausend Juden vor dem Holocaust zu retten, wurde nach Spiel-
bergs Film zur Ikone. Mit «Schindlers Liste» wurde nicht nur

die Retterfigur, in der sich die Züge des guten Menschen mit weniger edlen Charaktereigenschaften mischen, populär, auch die Tatsache, dass es möglich war, Angehörige der verfolgten Minderheit vor dem Schicksal des Völkermords zu bewahren, wurde jetzt allmählich einem breiteren Publikum bewusst. Die Kenntnis hatte sich lange Zeit auf einige prominente Helfer beschränkt wie den Manager Berthold Beitz, Donata und Eberhard Helmrich, die Diplomaten Carl Lutz, Chiune Sugihara, Raoul Wallenberg, den italienischen Geschäftsmann Giorgo Perlasca, den Schweizer Polizisten Paul Grüninger.

Unter allen möglichen Formen der Flucht vor der nationalsozialistischen Verfolgung war die Existenz in der Illegalität wohl der gefährlichste und mühseligste Ausweg. Das Leben im Untergrund, für das sich im Deutschen Reich annähernd 10 000 jüdische Menschen entschieden – etwa die Hälfte davon in der Metropole Berlin, auf ein paar Hundert schätzt man die Zahl der Untergetauchten in Wien –, war auf beinahe jede denkbare Art bedroht, und entsprechend gering waren die Überlebenschancen. In Berlin erlebten etwa 1400 von ihnen das Ende der nationalsozialistischen Herrschaft.

Die Geschichte vom Überleben eines jungen Mannes, des späteren Fernsehunterhalters Hans Rosenthal, ist legendär. Fünfmal war der junge Hans durch glückliche Zufälle der Deportation entgangen, ehe er eine Woche vor seinem 18. Geburtstag Ende März 1943 in der Berliner Laubenkolonie «Dreieinigkeit» untertauchte. Frau Jauch, die Hans Rosenthal nur flüchtig kennt, überlässt ihm das kleine Hinterzimmer und teilt ihre Lebensmittel mit dem jungen Juden. Als sie im August 1944 plötzlich erkrankt und stirbt, findet Hans in der Kolonie «Dreieinigkeit» bei Frau Schönebeck eine neue Bleibe. Sie teilt nicht nur ihre Rationen mit ihm, sie verteidigt ihn auch gegen den eigenen Sohn, der bei einem Fronturlaub den illegalen Gast bemerkt und die Konsequenzen fürchtet. Zuletzt wissen viele vom Aufenthalt des jungen Juden und helfen nach Kräften.

Michael Degen, der 1943 als Elfjähriger mit seiner Mutter in Berlin in den Untergrund ging (sein Vater war an den Folgen von KZ-Haft gestorben), beschreibt die vielen Helfer, die das

Überleben ermöglichten: Erna und Käthe Niehoff, Marthchen Schewe, den Kommunisten Karl Hotze, den Lokomotivführer Redlich, den SS-Mann Manfred Schenk, Lona, die Teilhaberin im Textilgeschäft des Vaters, Ludmilla Dimitrieff, die russische Adelige, die Huren Grete, Rosa und Hilde und deren Mutter, Oma Teubner, die großherzig die Juden in ihrem Puff beherbergte.

In den Erlebnisberichten der Geretteten erscheinen immer wieder die gleichen Namen. Da gab es einen Fabrikbesitzer in Berlin, der nicht nur seine Junggesellenwohnung am Nollendorfplatz untergetauchten Juden zur Verfügung stellte (er selbst schlief in der Firma), sondern auch für Lebensmittel sorgte und die Portierfrau bestach, dass sie stillhielt. Die Zwei-Zimmer-Wohnung der Gräfin Maria von Maltzan glich zeitweise einem Massenasyl, in dem jüdische Illegale, Widerstandskämpfer und Deserteure Unterschlupf fanden.

Ein Freundeskreis engagierter junger Nazigegner betrieb die Hilfe für illegale Juden geradezu virtuos. Begonnen hatten die Journalistin Ruth Andreas-Friedrich und der Musiker Leo Borchard mit Liebesdiensten für ihre jüdischen Bekannten, aus Scham über die Novemberpogrome 1938 und weil «arische Helfer» notwendig waren für die Ausreisevorbereitungen, für das Organisieren von Lebensmitteln, für das Aufbewahren und Sicherstellen von Wertvollem. Der Diebstahl von Lebensmittelkarten, Stempeln, der Handel mit gefälschten Dokumenten, das Erschleichen von Bestätigungen und Bescheinigungen gehörte zum Alltag der Retter, die damit Widerstand gegen das NS-Regime in einer besonderen Form leisteten. Sie riskierten tagtäglich viel, um das rettende Netz für die Illegalen immer wieder neu zu knüpfen: «Niemand, der es nicht selbst erlebte, vermag sich vorzustellen, wie schwierig unter solchen Umständen auch die einfachste Hilfeleistung werden kann. Was tut man, wenn ein Mensch, den man in seiner Wohnung verbirgt, eines Tages unvermutet am Herzschlag stirbt? Soll man ihn im Ofen verbrennen? In Rauch auflösen? Durch den Schornstein hinausblasen? Was macht man mit einer Leiche, die nicht gemeldet ist? ‹Wir haben sie in unseren Waschkorb gelegt, mit Leintüchern bedeckt und nachts aus dem Hause getragen›, vertrauen uns Bekannte an, die in solche Verlegenheit gerieten. ‹Im Tiergarten haben wir sie rausgeholt und auf eine Bank gesetzt.›»

Nicht weniger listig als mutig war Otto Weidt, der, selbst behindert, in Berlin eine Besen- und Bürstenbinderwerkstatt betrieb, in der er vorwiegend jüdische Blinde und Taubstumme beschäftigte. Der gelernte Tapezierer und spätere Bürstenfabrikant engagierte sich gegen den Nationalsozialismus, indem er vor allem Arbeiter aus dem jüdischen Blindenheim in seiner Fabrik beschäftigte, die wegen Wehrmachtsaufträgen als kriegswichtig galt. Darauf berief er sich. Damit finanzierte er auch seine Hilfe. In gemieteten Lagerräumen versteckte Weidt jüdische Familien, eine Gruppe holte er am helllichten Tag aus dem Sammellager in der großen Hamburger Straße wieder ab. Durch Bestechung von Behörden wie Polizei und Arbeitsamt und durch das Engagement freiwilliger Helfer rettete Weidt 56 Juden, von denen 27 überlebten. Keine Mühe war Weidt zu groß, um auch Untergetauchten zu helfen. Rohmaterial besorgte er, um die Arbeitsplätze zu sichern, auf dem Schwarzen Markt, und er bot damit einer beachtlichen Anzahl von jüdischen Menschen eine Zeitlang Sicherheit.

Der Helferkreis um Franz Kaufmann, einem wegen seiner jüdischen Abstammung entlassenen Oberregierungsrat in Berlin, der als gläubiger Christ Mitglied der Bekennenden Kirche war, verschaffte Juden Unterkunft, versorgte sie mit Geld und Lebensmitteln sowie mit gefälschten Ausweisen. Durch Denunziation flog der Kreis im August 1943 auf. Etwa 50 Menschen gerieten in die Fänge des NS-Regimes. Die Juden wurden deportiert, Kaufmann selbst im KZ Sachsenhausen ermordet, die nichtjüdischen Helfer erhielten wegen «Verbrechen gegen die Kriegswirtschaftsverordnung» und Urkundenfälschung» zum Teil hohe Zuchthausstrafen.

Was drohte deutschen Bürgern, die sich mit den verfolgten Juden solidarisiert hatten und ihnen bei der Flucht ins Ausland oder beim Überleben im Untergrund halfen? Juden zu helfen war ja mindestens Ausdruck einer Gesinnung, die einem wesentlichen Ziel des nationalsozialistischen Staates widersprach, ganz gleich, ob ethische Überzeugung oder Gewinnstreben hinter der Tat standen. Im Gegensatz zur drakonisch bestraften «Rassenschande», die mit dem «Blutschutzgesetz» von 1935 Straftatbestand geworden war, war Hilfe für Juden nie ins Strafgesetzbuch aufgenommen oder auf andere Weise als kriminelles Delikt definiert worden. Wie bei der «Rassenschande», die nach dem Gesetz nur jüdischen Männern zur Last gelegt wurde (die nichtjüdischen Frauen galten als verführt), was oft mit der Verurteilung der beteiligten Frauen wegen Meineids oder wegen irgendeinem anderen Delikt, das sich leicht finden ließ, umgangen wurde, erwies sich die Justiz im Rahmen eines großen Ermessensspielraums als erfinderisch, um Hilfe für Juden zu bestrafen.

Begründet mit der Verordnung «Zur Abwehr heimtückischer Angriffe gegen die Regierung der nationalsozialistischen Erhebung» vom März 1933, die im Dezember 1934 durch das «Gesetz gegen heimtückische Angriffe gegen Partei und Staat» ersetzt wurde, waren im März 1933 in allen Oberlandesgerichtsbezirken Sondergerichte errichtet worden. Sie waren in erster Linie zuständig für oppositionelle Äußerungen und Handlungen. Ihre Kompetenzen wurden ab 1939 exzessiv ausgeweitet. Die Ahndung von «Judenhilfe» oder «Judenbegünstigung» oblag, soweit Organe der Justiz überhaupt zum Zuge kamen, den Sondergerichten. Je nach Sachlage wurden den Angeklagten Urkundenfälschung, Verstöße gegen Devisenbestimmungen, illegaler Grenzverkehr oder «Rassenschande» zur Last gelegt. Sehr oft kamen die Judenhelfer aber gar nicht vor Gericht, denn der mit der Verfolgung der Juden betraute außernormative Repressionsapparat des Regimes – SS, Gestapo, Sicherheitspolizei – war bemüht, auch solidarische Handlungen für Juden in eigener Hoheit zu ahnden. Ein Runderlass vom 24. Oktober 1941, der für «deutschblütige Personen», die «in der Öffentlichkeit freundschaftliche Beziehungen zu Juden» unterhielten, Schutzhaft bis zu drei Monaten vorsah, diente als Handhabe gegen «artvergessenes Verhalten», Fluchthilfe, Sabotage, «Maßnahmen der Reichsregierung zur Ausschaltung der Juden aus der Volksgemeinschaft». Der besonderen Begründung für einen Schutzhaftbefehl, der im Konzentrationslager vollstreckt wurde, wegen «verbotswidrigen Umgangs mit Juden» bedurfte es nicht.

Mit der Denunziation durch Nachbarn, Funktionäre der NSDAP, Opportunisten und andere Zuträger des Regimes begann auf jeden Fall die Ausgrenzung der Judenhelfer aus der «Volksgemeinschaft» und die sozialen Folgen waren auch nach der Entlassung aus dem Gefängnis oder dem KZ beträchtlich. In der Regel wurden Frauen als Judenhelfer weniger hart bestraft als Männer, gelegentlich geschah ihnen auch gar nichts, in einigen Fällen traf aber auch Frauen die ganze Wucht nationalsozialistischen Verfolgungseifers. Todesurteile wegen «Judenbegünstigung» hat es im Deutschen Reich nicht gegeben. In einigen prominenten Todesurteilen, die in der Literatur zitiert werden, wurde «Judenbegünstigung» quasi als Nebendelikt erwähnt, der Schuldspruch selbst war aber mit Hochverrat, Heimtücke, «Zersetzung» begründet.

In jedem Fall, auch wenn die Ahndung von Hilfe für Juden nicht eindeutig geregelt war und für die Helfer weder auf deutschem Boden noch in den besetzten Gebieten unbedingt tödliche Konsequenzen nach sich zog, war es ein hohes Risiko, sich – aus welchen Motiven auch immer – Juden gegenüber hilfreich zu erweisen. Im Zweifelsfall wurde das als Widerstand gewertet und häufig hart bestraft.

1957 erschien das Buch des ehemaligen Berliners Kurt R. Grossmann, der 1933 über die Tschechoslowakei und Frankreich aus NS-Deutschland in die Vereinigten Staaten emigriert war. Der Titel «Die Unbesungenen Helden» wurde zur Metapher und bezeichnete den Beginn der öffentlichen Erinnerung an die Juden im Untergrund und ihre Helfer. Die Jüdische Gemeinde in Berlin beschloss, ihren Heinrich-Stahl-Preis 1958 als Grundstock für einen Fonds zur Ehrung der «Unbesungenen Helden» zu nutzen, und der West-Berliner Innensenator Joachim Lipschitz, der ab 1944 selbst im Untergrund gelebt hatte, machte sich die Anregung zu eigen und rief die Ehrungsinitiative «Unbesungene Helden» ins Leben, die im April 1960 durch ein Gesetz förmlich begründet wurde. Die ersten Ehrenurkunden wurden am 9. November 1958 19 Rettern überreicht. Bedürftige erhielten außer der Urkunde auch eine finanzielle Zuwendung.

Aufrufe in der Presse hatten zahlreiche Anträge auf Ehrung von Helfern zur Folge, die vom Landesentschädigungsamt Berlin im Auftrag des Innensenators geprüft wurden. Wichtig war, dass die Hilfe in «nicht unerheblichem Maße» und ohne Eigennutz erfolgt war, Bedingung war es auch, dass die zu ehrenden Helfer zum Zeitpunkt der Antragstellung ihren Wohnsitz in West-Berlin hatten und nicht straffällig geworden waren. Bis 1963 sind 1525 Anträge auf Ehrung eines «Unbesungenen Helden» gestellt worden, nur knapp die Hälfte, nämlich 738 Frauen und Männer, sind mit einer Urkunde, manche auch mit einer materiellen Unterstützung, in den folgenden Jahren geehrt worden.

Glaubt man schlüssige Erklärungen für ein spezifisches Helferverhalten gefunden zu haben, stehen dem immer wieder konträre Beispiele entgegen. Religiöse Bindungen und ethische Ideale – Zugehörigkeit zur Bekennenden Kirche oder zum katholischen Milieu – konnten Voraussetzung der Hilfsbereitschaft sein, oft spielten jedoch andere Faktoren eine wesentlichere Rolle; manche Helfer taten es aus Nächstenliebe, aus christlicher Überzeugung, andere wegen ihrer antifaschistischen Orientierung aus Opposition gegen das NS-Regime, wieder andere wollten Freunde nicht im Stich lassen und viele kannten ihre Schützlinge gar nicht, kamen aus reinem Zufall in die Situation, plötzlich jemanden zu verstecken, ohne über die drohende Einweisung in ein KZ oder vielleicht gar die Todesstrafe nachzudenken. Die Retter selbst haben sich in der Regel gegen das Klischee verwahrt, Helden zu sein. Viele haben nie über ihre Taten gesprochen, für manche war es eine Selbstverständlichkeit, die keiner nachträglichen Ehrungen bedurfte, vielen erschien die geleistete Hilfe gering angesichts der Zahl der Ermordeten, für die es keine Rettung gegeben hatte.

Das Projekt «Solidarität und Hilfe für Juden während der NS-Zeit», das Anfang der 1990er Jahre im Zentrum für Antisemitismusforschung der Technischen Universität Berlin durchgeführt wurde, versuchte in einem historiographischen Überblick durch Regionalstudien Einsicht zu vermitteln in die Interaktion

von Juden und Nichtjuden im gesamten deutschen Herrschaftsbereich. Ab 1997 wurde am Zentrum die Datenbank «Rettung
von Juden im nationalsozialistischen Deutschland» aufgebaut,
in der Informationen über untergetauchte Jüdinnen und Juden,
ihre Helfer und deren Rettungsbemühungen dokumentiert und
analysiert werden. Die Rettung von Juden war nicht nur eine
besondere Form von Widerstand, die Hilfeleistungen sind auch
der Beweis, dass es Alternativen gab zur Gleichgültigkeit gegenüber der Verfolgung, dass die Attitüde, man habe nichts machen
können, eine Legende ist.

Der Protest in der Rosenstraße

Ein Ereignis, das zwar nicht zum jüdischen Widerstand im
eigentlichen Sinne gerechnet werden kann, weil es ein Protest
war zugunsten von Juden durch deren nichtjüdische Ehefrauen
und andere Familienangehörige aus «Mischehen», ist singulär
in der Geschichte des «Dritten Reiches»: der Frauenprotest in
der Berliner Rosenstraße.

Im Herbst 1941 begannen die Deportationen der deutschen
Juden in die Ghettos, Mordstätten und Vernichtungslager in
Osteuropa, nachdem sie in jahrelanger Verfolgung entrechtet,
gedemütigt, ihres Eigentums und ihrer Wohnungen beraubt worden waren. Eine Gruppe von Juden war vorläufig ausgespart:
die Menschen, die mit einem nichtjüdischen Partner in einer
von den Nationalsozialisten so genannten «Mischehe» lebten.
Viele Diskriminierungen galten auch für sie und ihre Partner;
dazu kam die ständige Angst vor ihrer eigenen Deportation.
Eine Ehescheidung oder der Tod des Partners/der Partnerin bedeutete für den jüdischen Teil das Todesurteil, denn der Schutz
dauerte nur, solange die Ehe bestand. Und niemand wusste, wie
lange die Nationalsozialisten diesen Personenkreis noch unbe-
helligt lassen, wann sie ihn in das Programm der Vernichtung
einbeziehen würden. Zur Zwangsarbeit waren sie ohnehin verpflichtet wie die anderen Juden auch. Am 27. Februar 1943
sollten mit einem letzten Schlag alle noch im Deutschen Reich
lebenden Juden am Arbeitsplatz «erfasst» und nach Auschwitz

deportiert werden. Die Gestapo veranstaltete eine reichsweite Razzia. In Berlin traf die «Fabrik-Aktion» etwa 10 000 Juden, die Zwangsarbeit in der Rüstungsindustrie verrichteten. Sie wurden abgeholt und in Sammellagern konzentriert. Unter ihnen waren auch etwa 1 500 Personen, die in «Mischehen» lebten. Sie wurden im Gebäude Rosenstraße 2–4 in Berlin-Mitte, unweit des Alexanderplatzes, festgehalten. Hier geschah etwas völlig Unerwartetes. Unter den nichtjüdischen Angehörigen, in der Mehrzahl waren es die Ehefrauen der inhaftierten Zwangsarbeiter, sprach sich die Aktion im Laufe des Tages herum. Immer mehr Frauen kamen in die Rosenstraße, schließlich waren es an die 200, entschlossen, um die Freiheit ihrer Männer zu kämpfen. Eine Woche lang demonstrierten die Frauen Tag und Nacht, ließen sich nicht durch Drohungen von SS und Polizei und auch nicht durch zwei demonstrativ drohend aufgebaute Maschinengewehre beirren. Sie riefen «Gebt uns unsere Männer heraus!», sie nannten die Nationalsozialisten lautstark «Mörder» und «Feiglinge» und sie wichen nicht, bis die Verhafteten am 6. März freigelassen wurden.

Der Aufstand war ein einmaliges und beispielloses Ereignis in der Geschichte des «Dritten Reiches». Aus Solidarität mit ihren Nächsten hatten Angehörige der gefährdetsten und schwächsten Gruppe der Bevölkerung es gewagt, ihren Protest in den Formen öffentlichen Ungehorsams auszudrücken. Das war offener Widerstand gegen den nationalsozialistischen Staat. Wie Tagebucheintragungen des Reichsministers und Berliner NSDAP-Gauleiters Goebbels beweisen, hat der Mut der Frauen die Machthaber irritiert und nervös gemacht. Das Ereignis im Frühjahr 1943 war der Beweis dafür, welch mutige Form von offenem Widerstand möglich war.

Der Protest in der Rosenstraße wurde zwar unmittelbar nach dem Ende des NS-Staats in der frühen Erinnerungsliteratur kolportiert, verschwand dann aber aus dem öffentlichen Gedächtnis. Fünfzig Jahre später wurde daran erinnert, Zeitzeugen meldeten sich zu Wort, ein Denkmal wurde an authentischer Stelle in Berlin-Mitte eingeweiht. Aufmerksamkeit fand, nachdem seit Mitte der 1990er Jahre Berichte, die sich auf Zeitzeugen stützten, das Thema popularisierten, der Film «Rosenstraße» (2003) von Margarethe von Trotta, der freilich kitschige Effekte und Geschichtsklitterungen nicht scheute, um (unnötigerweise) die Rolle der Frauen zu heroisieren. Im Einklang mit den Zeugen, die vor allem die medialen Legenden der ersten Nachkriegszeit reproduzierten, wird die These vertreten, der Protest habe die Machthaber zum Einlenken bewogen, der Widerstand sei erfolgreich gewesen, weil die inhaftierten Juden deshalb freigelassen worden seien. Daraus leiteten manche die Schlussfolgerung ab, wenn es mehr Widerstand in der Art der Protestaktion in der Rosenstraße gegeben hätte, wäre der Holocaust verhindert worden, oder er hätte doch weniger Opfer gefordert.

Sowohl die These, der Protest habe die Freiheit der Opfer bewirkt, wie der daraus gezogene Schluss treffen nicht zu. Tatsächlich waren die in der Rosenstraße festgehaltenen «arisch versippten» Juden nicht für die Ermordung in Auschwitz bestimmt. Ihre Internierung diente der Überprüfung des Personenkreises, der in «Mischehen» lebte, über dessen Schicksal erst nach dem «Endsieg» entschieden werden sollte. Sie wurden unabhängig vom Protest auf der Straße freigelassen.

In der Literatur über den Widerstand hat der Protest in der Rosenstraße erst spät Erwähnung gefunden, auch im Schrifttum zum Holocaust war er nicht thematisiert. Tatsache bleibt, dass jenseits von Mythen und Legenden der Frauenprotest in Berlin Anfang März 1943 ein einzigartiges Zeichen offenen Widerstands gegen den Nationalsozialismus und gleichzeitig ein Beweis dafür war, dass mutige Opposition möglich gewesen ist.

8. Widerstand traditioneller Eliten

Das Bürgertum, die durch Besitz, Bildung, Einfluss geprägte Schicht, stand dem NS-Staat, der an patriotische Gefühle appellierte und der die politische Linke vernichtete, lange Zeit mehrheitlich mit Sympathie, vielfach sogar mit Begeisterung, gegenüber. Eine Minderheit konservativ und liberal denkender Bürger war zwar von Anfang an skeptisch, hatte sich aber in die «innere Emigration» zurückgezogen und zeigte Opposition nach außen allenfalls durch Verweigerung. Nur im Kreis Gleichgesinnter wurden politische Ereignisse und Lebensumstände kritisch kommentiert. Angesichts des augenscheinlichen Erfolgs der Nationalsozialisten befiel auch die Regimegegner eine Art Lähmung.

Die allmählich wachsende moralische Empörung Einzelner über die Korruption und die alltägliche Gewalt verdichtete sich ab 1938 – dem Jahr des Pogroms gegen die Juden und der Sudetenkrise – zum politischen Widerstand. Unter hohen Militärs, im bayerischen Adel, unter Beamten und Diplomaten, in ganz verschiedenen Kreisen der traditionellen Eliten, die von den Nationalsozialisten entmachtet worden waren oder die nach anfänglicher Gefolgschaft zur Einsicht in die wahre Natur des Regimes kamen, entstand Unruhe: Zum einen über die Radikalisierung der nationalsozialistischen Politik, insbesondere gegenüber den Juden, und zum anderen wegen der expansionistischen Außenpolitik Hitlers, die offenkundig auf Krieg angelegt war.

Wachsende Kritik am Dilettantismus der NS-Politik bildete einen weiteren Anlass, über eine Neuordnung nach dem erhofften Ende der NS-Herrschaft nachzudenken. Der Krieg machte diese Notwendigkeit noch deutlicher. In mehreren Widerstandskreisen, die durch persönliche Beziehungen einzelner Mitglieder meist auch voneinander wussten, sich gegenseitig informierten und auch mit dem militärischen Widerstand Kontakt aufnahmen, wurde für die Zeit nach Hitler geplant oder ganz konkret auf seinen Sturz hingearbeitet.

Früher Widerstand aus später Einsicht: Konservative Regimekritiker 1934

Ausgerechnet der rechtskonservative Steigbügelhalter Hitlers, Franz von Papen, der 1932 kurz Reichskanzler gewesen war und in Hitlers Kabinett als Vizekanzler saß, gehörte mit seiner Entourage zu den ersten Regimekritikern. Wie der Zauberlehr-

ling, dem die Geister, die er rief, über den Kopf wuchsen, sah er
mit Grausen, dass Hitler sich zum Diktator entwickelte. Das
«Zähmungskonzept», mit dem die Konservativen den Führer
der NSDAP für ihre Ziele hatten einspannen wollen, damit er
mit seinen Leuten das Grobe erledige (die Vernichtung der Demokratie und der Linksparteien), ehe sie ihn wieder abservieren
wollten, war nichts anderes als Selbstbetrug, mit dem die Koa-
litionspartner Hitlers sich kräftig Sand in die Augen gestreut
hatten.

Der Erfinder des Zähmungskonzepts, der Schriftsteller Edgar
J. Jung, erkannte das am frühesten. Jung, der mit dem Buch «Die
Herrschaft der Minderwertigen» 1927 Furore gemacht und die
Richtung der «Jungkonservativen» begründet hatte, wurde
1933 Redenschreiber und politischer Berater Papens. Spätestens
Ende 1933/Anfang 1934 erkannte die Umgebung des Vizekanz-
lers die Notwendigkeit rechtsstaatlicher und verfassungsmäßi-
ger Zustände und begann über einen Staatsstreich nachzudenken. Die Männer um Jung setzten Hoffnungen auf den greisen
Reichspräsidenten Hindenburg, auf den Papen Einfluss gehabt
hatte, sie sondierten, ob die Reichswehr für einen Putsch unter
monarchistischen Vorzeichen zu gewinnen wäre. Schuldgefühle
waren im Spiel, als der Nationalist Jung zur Erkenntnis gelangte:
«Wir sind mit dafür verantwortlich, dass dieser Kerl an die
Macht gekommen ist, wir müssen ihn wieder beseitigen.»

Am 17. Juni 1934 wurde die Besorgnis öffentlich. Franz von
Papen hielt in der Marburger Universität vor Studierenden eine
Rede, die als Fanal gedacht und so verstanden wurde. Papen
war sehr deutlich, er sprach etwa davon, «daß die kollektive
Verantwortungslosigkeit zum herrschenden Prinzip erhoben»
würde, und warnte: «Kein Volk kann sich den ewigen Aufstand
von unten leisten, wenn es vor der Geschichte bestehen will.
Einmal muß die Bewegung zu Ende kommen, einmal ein festes
soziales Gefüge, zusammengehalten durch eine unbeeinflußbare
Rechtspflege und durch eine unbestrittene Staatsgewalt, entste-
hen. Mit ewiger Dynamik kann nicht gestaltet werden. Deutschland darf nicht ein Zug ins Blaue werden, von dem niemand
weiß, wann er zum Halten kommt.»

Die von Papen vorgetragene Rede, deren Verfasser Edgar
Jung war, wurde verstanden und hatte unmittelbare Wirkung:
Jung wurde am 30. Juni bei Oranienburg erschossen, Herbert
von Bose, ein anderer Mitarbeiter Papens, wurde ebenfalls ermordet, die anderen Männer des Edgar-Jung-Kreises kamen
durch Zufall und Glück davon. Franz von Papen, den Prominenz und Verbindungen vor der Liquidierung schützten, wurde
als Gesandter nach Wien abgeschoben.

Opposition als liberale Haltung: Der Robinsohn-Strassmann-Kreis

Aus einem Hamburger politischen Klub junger engagierter
Demokraten, gegründet im Herbst 1924, entstand der einzige
liberale Widerstandskreis in Deutschland. Initiator war Hans
Robinsohn, promovierter Volkswirt und Inhaber eines renom-
mierten Textilkaufhauses in Hamburg. Zum republikanischen
Freundeskreis Robinsohns gehörten Gustav Dahrendorf und
Theodor Haubach, damals junge SPD-Politiker in Hamburg,
später prominent im Widerstand gegen den NS-Staat, der Historiker Alfred Vagts, der Journalist Egon Bandmann, der Stu-
dienrat Heinrich Landahl, jüngstes Mitglied der Hamburger
Bürgerschaft für die DDP, der Jurist Ernst Strassmann. Ernst
Strassmann und Hans Robinsohn waren nach dem 30. Januar
1933 als kompromisslose Demokraten zur Anpassung an die
Verhältnisse nicht bereit. Schon im Frühjahr 1934 verständig-
ten sich der Berliner Landgerichtsrat und der Hamburger Geschäftsmann darüber. Sie waren nicht willens, mit den Nationalsozialisten bei der Vernichtung von Wertvorstellungen in
Konkurrenz zu treten, auch nicht im Kampf gegen deren Tyran-
nei. Die Aktivitäten des Robinsohn-Strassmann-Kreises – wie
die Gruppe um Robinsohn und Strassmann nachträglich am
einfachsten zu benennen ist, selbst hatte sie sich nie einen Namen gegeben – bestanden zunächst in der Sammlung, Sichtung
und Weitergabe von Material gegen das NS-Regime. Außerdem
bemühten sich Strassmann und Robinsohn um den Aufbau einer
Gruppe von Vertrauensleuten. Allmählich wurde ein Netz ge-

knüpft, das schließlich etwa 60 vertrauenswürdige Personen im ganzen Reichsgebiet umfasste. Es waren überwiegend Linksliberale. Geografische Schwerpunkte waren zunächst Berlin und Norddeutschland.

Nach den Novemberpogromen 1938 emigrierte Robinsohn nach Kopenhagen, blieb aber in Verbindung zur Widerstandsgruppe. Verbindungen existierten nach Österreich in die Umgebung des ehemaligen Kanzlers Karl Renner und zu anderen oppositionellen Kreisen. Über den Berliner Kommunalpolitiker Fritz Elsas gab es Beziehungen zum Goerdeler-Kreis, zur Militäropposition führte der Weg über Hans von Dohnanyi. Der Referent im Reichsjustizministerium, Reichsgerichtsrat und – nach Kriegsausbruch – Mitarbeiter von Oster und Canaris in der militärischen Abwehr, hatte schon dem Hamburger Klub nahegestanden. Zur Bekennenden Kirche, namentlich zu Eugen Gerstenmaier, aber auch zum Katholiken Joseph Wirmer im Goerdeler-Kreis, unterhielt die Gruppe Beziehungen. Strassmann selbst stand in gutem Kontakt zu Gewerkschaftern, vor allem zu Wilhelm Leuschner.

Im Februar 1939 reiste Robinsohn von Kopenhagen nach London, um Verbindung zu britischen Stellen aufzunehmen. Ende Mai 1939 fand dann ein Treffen mit Vertretern des Secret Service statt. Die mehrtägigen Besprechungen brachten aber kein Ergebnis: Die Engländer interessierten sich für militärische Informationen, die die Deutschen nicht bieten konnten. Die Deutschen wollten Geld für ihre illegale Arbeit – aber zu wenig. Es schien so, als wäre der Secret Service bereit, größere Summen auszugeben für die Beschaffung von Waffen und zur Unterstützung gewaltsamer Aktionen in Deutschland. Das hatten die Männer des Robinsohn-Strassmann-Kreises aber nicht im Sinn. Man trennte sich unverrichteter Dinge.

Im Vergleich zu den auf Aktionen zielenden Widerstandskreisen, den Männern des 20. Juli, der Roten Kapelle, der Weißen Rose, den gewerkschaftlichen, sozialdemokratischen und kommunistischen Widerstandsgruppen, nahmen sich die «Aktivitäten» des Robinsohn-Strassmann-Kreises bescheiden aus. Weil die Mitglieder sich bewusst darauf beschränkten, für die politi-

sche Neuordnung nach einem Umsturz – den das Militär her-
beiführen sollte – zu planen, sind sie von den Historiographen
des Widerstands nicht beachtet worden.

Das politische Programm des Widerstandskreises, gedacht
«für die ersten Jahre nach dem revolutionären Sturz des Nationalsozialismus», war schon 1934 schriftlich fixiert worden. In
fünf Exemplaren existierte ein Memorandum, das «bis ins einzelne gehende Vorschläge für die Neugestaltung des Staats- und
Wirtschaftslebens und eingehende Grundsätze für die aus so
verschiedenartigen politischen Richtungen zusammengesetzte
Opposition» enthielt. Nach der Verhaftung Strassmanns wurden die in Deutschland verbliebenen Stücke vernichtet. Das Ex-
emplar, das Robinsohn 1936 oder 1937 nach Dänemark in
Sicherheit gebracht hatte, blieb unauffindbar. Robinsohn floh
im Oktober 1943 nach Schweden weiter, das Memorandum
hatte er bei seinem Kopenhagener Rechtsanwalt deponiert, der
es während der deutschen Besetzung Dänemarks so gründlich
versteckte, dass es nie wieder auftauchte.

Die Grundideen des politischen Programms von 1934, wie sie
in dem verschollenen Schriftstück formuliert waren, sind annä-
herungsweise aus einer Denkschrift Robinsohns von 1939 re-
konstruierbar. Im Mittelpunkt der politischen Vorstellungen des
Kreises stand der demokratische Rechtsstaat. Robinsohn bezeichnete rückblickend das damals Erstrebte als eine «konstitu-
tionelle Republik» mit unitarischer Tendenz. Starke Regierungen sollten eine «Politik aus einem Guß» machen können. Das
bedeutete die Absage an den Weimarer Verfassungskompromiss
des föderalistisch organisierten Staates, der von den Föderalisten
als zu einheitsstaatlich, von den Unitariern aber als zu föderalistisch empfunden worden war. Eine gewisse Skepsis gegenüber
dem Grundsatz der Gewaltenteilung resultierte ebenfalls aus den
Erfahrungen der ersten Republik wie der Wunsch nach starken,
handlungsfähigen Regierungen, rekrutiert nach demokratischen
Ausleseprinzipien. Nach guter liberaler Tradition sollte im post-
nationalsozialistischen Staat die individuelle Verantwortlichkeit
Triebfeder politischen Handelns sein. Die Überzeugung, dass
die notwendigen Fähigkeiten aber nicht in großer Zahl verfüg-

bar sind, führte zwangsläufig zu einem einigermaßen elitären Bewusstsein.

Der Freundeskreis um Robinsohn und Strassmann huldigte keineswegs sozialreaktionären Anschauungen. Die Ablehnung einer Proletarisierung des Mittelstandes und die programmatische Forderung nach Erhöhung des Lebensstandards der «breiten Massen» – so Robinsohn in der Denkschrift von 1939 – standen vielmehr in engem Zusammenhang mit dem Wunsch nach «lebendiger Anteilnahme der großen Massen des deutschen Volkes an der eigenen Schicksalsgestaltung», nach «echter Politisierung», die sich aber nicht in der Wiederholung des «denaturierten Parlamentarismus» der späten Weimarer Zeit auswirken sollte. Mit anderen Worten: die politischen Köpfe des Kreises hofften, nach dem Ende der NS-Herrschaft die Reform an Haupt und Gliedern des Staates durchführen zu können, für die sie auch lange vor 1933 schon gekämpft hatten.

Regimekritik aus ethischem Antrieb: Der Kreisauer Kreis

In Kreisau in Niederschlesien, auf dem Gut des Grafen Moltke, trafen sich Pfingsten 1942 einige Männer und Frauen. Es waren die Tage vom 22. bis 25. Mai, die von dem Freundeskreis genutzt wurden, um über Themen zu diskutieren, die vom Verhältnis zwischen Staat und Kirche über Erziehung bis zu Hochschulreform und Lehrerbildung reichten. Es war eine Diskussion über allgemeine und abstrakte Probleme, deren Ergebnisse schriftlich fixiert wurden. So wäre das Treffen in Kreisau zu charakterisieren, wenn es in normalen Zeiten stattgefunden hätte. Für den nationalsozialistischen Staat aber war es Hochverrat.

Die führenden Köpfe des Kreisauer Kreises waren Helmuth James Graf von Moltke, geboren 1907, und der drei Jahre jüngere Peter Graf Yorck von Wartenburg. Moltke hatte Jura studiert, war mit der angelsächsischen Welt vertraut. Politisch liberal und von tiefer christlicher Überzeugung, verachtete er die Nationalsozialisten und verzichtete nach seinem Assessorexamen 1933 auf die erstrebte Karriere als Richter. Er ließ sich als

Rechtsanwalt in Berlin nieder. Zu Beginn des Zweiten Weltkriegs wurde Moltke Referent für Völkerrecht in der Auslands-
abwehr des Oberkommandos der Wehrmacht (OKW). Peter
Graf Yorck von Wartenburg war ebenfalls Träger eines berühmten preußischen Namens. Auch er war Jurist, hatte es im Staats-
dienst zum Oberregierungsrat gebracht, war ab 1942 im Wehr-
wirtschaftsamt des OKW tätig.

Schon vor dem Krieg hatten beide Gesprächskreise von Regimegegnern um sich geschart. Ab 1940 trafen sich in Kreisau,
aber auch in Berlin und München in wechselnder Zusammen-
setzung etwa 20 Personen, die in der Opposition gegen den
Nationalsozialismus übereinstimmten, denen (mit ungefähr
noch einmal so vielen Sympathisanten) Weltläufigkeit, soziale
Verantwortung und christliches Engagement gemeinsam war.

Zu den Gleichgesinnten, wenn auch von ganz anderem Her-
kommen, gehörte Eugen Gerstenmaier, ein aus schwäbischem
Kleinbürgertum stammender evangelischer Theologe, der im
Krieg zur kulturpolitischen Abteilung des Auswärtigen Amtes
dienstverpflichtet worden war. Adam von Trott zu Solz, Jurist
im Auswärtigen Amt, kosmopolitischer Patriot mit Verbindungen ins Ausland, gehörte zu den Kreisauern ebenso wie der
Oberpräsident der preußischen Provinz Oberschlesien Hans
Lukaschek, den die Nationalsozialisten aus dem Amt gejagt
hatten, und Theodor Steltzer, der bis 1933 Landrat in Rends-
burg gewesen war. Der Kreisauer Kreis bestand aus Männern,
die aus ganz unterschiedlichen sozialen, ideologischen und politischen Bereichen kamen. Alfred Delp und Augustin Rösch
waren Jesuitenpater, Adolf Reichwein war Pädagoge und Sozialdemokrat, Hans Peters Professor für Verwaltungsrecht, engagierter Katholik und Demokrat, Harald Poelchau war evangelischer
Geistlicher und religiöser Sozialist, Theodor Haubach, Julius
Leber und Carlo Mierendorff hatten sich als sozialdemokratische Politiker profiliert und dafür im KZ gelitten. Viele Mitglieder des Kreises waren von der Jugendbewegung geprägt, soziales Engagement einte sie alle.

Die «Grundsätzliche Erklärung», die von den Kreisauern
im Mai 1942 formuliert wurde, rechnet man zu den Schlüs-

seldokumenten des Widerstands gegen Hitler. Zum Ausdruck kommt darin die Absicht, die Neuordnung und Neuorientierung von Staat und Gesellschaft nach der Überwindung des Nationalsozialismus zu gestalten. «Wir sehen im Christentum wertvollste Kräfte für die religiös-sittliche Erneuerung des Volkes, für die Überwindung von Hass und Lüge, für den Neuaufbau des Abendlandes, für das friedliche Zusammenarbeiten der Völker.»

In drei größeren Treffen diskutierte der Kreisauer Kreis die Grundlagen einer humanen und sozialen Ordnung des Zusammenlebens im nationalen und europäischen Rahmen, die 1943 in den «Grundsätzen für die Neuordnung» endgültig formuliert wurden. Sieben unverzichtbare Forderungen sollten das Fundament der inneren Erneuerung und eines gerechten und dauerhaften Friedens bilden. Die Wiederherstellung des Rechtsstaats, die Garantie von Glaubens- und Gewissensfreiheit, das Recht auf Arbeit und Eigentum standen obenan. Selbstbestimmung und Verantwortlichkeit sollten wieder an die Stelle des Prinzips von Befehl und Gehorsam treten. Statt Diktatur und Unterwerfung sollten politische Verantwortung und Mitwirkung jedes Einzelnen, die Mitbestimmung im Betrieb und in der Wirtschaft einschloss, die Prinzipien staatlicher und gesellschaftlicher Ordnung bilden. Wichtig war den Kreisauern aber auch die Überwindung des Nationalismus. Die Gründung einer Völkergemeinschaft im Geiste internationaler Toleranz lag ihnen mehr am Herzen als die Bewahrung bzw. Wiederherstellung einzelstaatlicher Souveränitätsrechte.

Die «Grundsätze für die Neuordnung» waren ein Programm für den Neuaufbau nach der NS-Diktatur, in dessen Mittelpunkt Arbeiterschaft und Kirchen stehen sollten. Die Grundsätze boten auch eine interessante Variante zum Wahlrecht: jedes Familienoberhaupt sollte für jedes nicht wahlberechtigte Kind eine zusätzliche Stimme erhalten. Politische Beamte und Waffenträger sollten für den Reichstag, dessen indirekte Wahl durch die Landtage vorgesehen war, nicht wählbar sein. Das Wirtschaftsprogramm war von den Leitmotiven staatlicher Wirtschaftsführung, Sozialisierung der Schlüsselindustrien und vom

Gedanken der Mitbestimmung beherrscht. Gegen die auf Zwang, Unterwerfung und Irrationalität beruhende NS-Herrschaft setzten die Kreisauer eine Gesellschafts- und Staatsordnung, die sich auf Humanität, christliche Ethik, Gerechtigkeit und Überwindung von Klassenschranken gründen sollte. Ziel des Kreisauer Kreises war die Wiederherstellung eines humanen Rechtsstaats, der nach der Bestrafung der nationalsozialistischen Verbrecher mit einer demokratischen Verfassung neu aufgebaut werden sollte. Mit einem parlamentarischen Parteienstaat wie im Grundgesetz waren die Vorstellungen der Kreisauer aber nicht vereinbar. Ihre Entwürfe hatten neben den sozial-fortschrittlichen auch antiliberale und antiwestliche Elemente. Das wurde nach 1945 gerne vergessen, weil man sie als Vorläufer der politischen Kultur der Bundesrepublik reklamieren wollte.

Zur Vorbereitung eines gewaltsamen Umsturzes und zum Tyrannenmord durch ein Attentat auf Hitler fühlten sich die Kreisauer nicht berufen. Sie hofften auf eine Art Arbeitsteilung, bei der sie die Reformpläne ausarbeiten wollten, damit sie zur Verfügung stünden, wenn die Zeit dafür gekommen war. Den Weg zur Neuordnung aber sollte die Militäropposition, zu der man Verbindungen unterhielt, freikämpfen.

Graf Moltke wurde vor allem durch die nationalsozialistischen Verbrechen an den Juden, den Kriegsgefangenen und der Bevölkerung in den besetzten Gebieten zum Widerstand getrieben. Er wollte zwar die Nationalsozialisten ablösen, den Machtstaat und das Rassendenken überwinden, den Gedanken an eine gewaltsame Beseitigung Hitlers lehnte er jedoch lange Zeit ab. Er hatte nicht nur moralische Bedenken gegen den Tyrannenmord: Wie viele andere Gegner des Nationalsozialismus fürchteten auch die Kreisauer, der gewaltsame Sturz des Regimes im Kriege könnte zu Legenden führen. Denn nach dem verlorenen Ersten Weltkrieg hatten diejenigen, die sich mit der Niederlage Deutschlands nicht abfinden konnten, die «Dolchstoßlegende» in die Welt gesetzt: Verrat habe den Krieg entschieden, das tapfere und siegreiche deutsche Heer sei von hinten, also aus der Heimat, erdolcht worden. Mit einer ähnlichen Hypothek, zu der ein Attentat auf Hitler den Anlass geboten hätte, wollten die Kreisauer die Neuordnung von Staat und Gesellschaft nicht belasten.

Im Januar 1944 wurde Graf Moltke durch die Gestapo verhaftet, weil er einen Kollegen vor der drohenden Festnahme gewarnt hatte. Der Kreisauer Kreis war ohne Moltke als treibender Kraft und geistigem Mittelpunkt am Ende. Die aktivsten Mitglieder schlossen sich der Widerstandsgruppe um Carl Goerdeler, den ehemaligen Leipziger Oberbürgermeister, an. Mitte August 1944 stieß die Gestapo beim Verhör der vielen Mitwisser des 20. Juli auch auf den Kreisauer Kreis. Nach Misshandlung und Folter standen die führenden Mitglieder vor dem Volksgerichtshof. Um möglichst viele Freunde aus dem Kreisauer Kreis zu schützen, verteidigte sich Moltke mit der Strategie, man habe keinen Umsturz geplant, keine organisatorischen Schritte getan, mit niemandem über Ämter und Funktionen in einer Regierung nach Hitler gesprochen. Man habe nur theoretische Erörterungen angestellt. Im Grunde seien auch nur der Jesuitenpater Delp, der Theologe Gerstenmaier und von Moltke beteiligt gewesen, allenfalls noch Peter Graf Yorck von Wartenburg und Adam von Trott zu Solz.

Eugen Gerstenmaier, der aus dem kirchlichen Außenamt der evangelischen Kirche kam, ab 1940 dienstverpflichtet im Auswärtigen Amt war und im Januar 1945 vom Volksgerichtshof als Verschwörer zu sieben Jahren Zuchthaus verurteilt wurde, ordnete später den Kreisauer Kreis folgendermaßen in den Gesamtzusammenhang des Widerstands ein: «Geschichtliche Wahrheit ist, dass auch die Kreisauer für den Sturz Hitlers gearbeitet haben, indem sie sich energisch darum mühten, dass Deutschland nach der Vernichtung Hitlers bestehen könne. Sie waren der Meinung, je genauer und weitblickender die Vorbereitung dafür sei, desto mehr Chancen habe der Tag X und desto eher werde der Sturz Hitlers und seines Systems herbeizuführen sein.»

Am 11. Januar 1945 wurde Helmuth James von Moltke zum Tode verurteilt. Am 23. Januar 1945, drei Monate vor dem Zusammenbruch des Hitlerstaats, wurde er in Berlin-Plötzensee hingerichtet. Nur wenige aus dem Zentrum des Kreisauer Kreises entgingen den Henkern des NS-Regimes. Einige spielten beim demokratischen Neubau Deutschlands nach Hitler eine Rolle. Eugen Gerstenmaier war von 1954 bis 1969 Präsident des Deutschen Bundestages, Theodor Steltzer in der ersten Nachkriegszeit Ministerpräsident von Schleswig-Holstein, Hans Lukaschek war unter Adenauer Bundesvertriebenenminister. Das Vermächtnis der Kreisauer blieb die in ihren Dokumenten und Briefen niedergelegte Idee einer humanen und sozialen Gesellschaft nach Hitler.

Von der politischen Opposition zum Widerstand: Der Goerdeler-Kreis

Carl Goerdeler, 1884 geboren, entstammte einer traditionsreichen preußischen Beamtenfamilie. Nach dem Studium der Rechte trat er in den Kommunaldienst und wurde 1930 Oberbürgermeister von Leipzig. Sein Ruf als hervorragender Verwaltungsfachmann und Organisator drang weit über Leipzig hinaus, mehrmals war er als Kandidat für das Amt des Reichskanzlers im Gespräch. Im Dezember 1931 wurde er als Reichspreiskommissar berufen. Anders als bei seinem Kollegen Konrad Adenauer, dessen Amtszeit als Kölner Oberbürgermeister mit dem nationalsozialistischen Machtbeginn jäh endete, musste Goerdeler als national-konservativ gesinnter Politiker den Leipziger Oberbürgermeisterstuhl nicht verlassen. Im Januar 1934 wurde er auch wieder zum Preiskommissar ernannt, obwohl er keine Zugeständnisse an die neue Reichsregierung gemacht hatte und auch nicht der NSDAP beigetreten war.

Goerdeler geriet jedoch bald in Gegensatz zur nationalsozialistischen Finanz- und Wirtschaftspolitik. Er missbilligte die unseriöse Kreditschöpfung des Wirtschaftsministers Hjalmar Schacht, mit der die Aufrüstung finanziert wurde, und er kritisierte die antijüdische Politik des «Dritten Reiches» wegen ihrer negativen Wirkungen für das deutsche Ansehen im Ausland. In zwei Gutachten zur Finanzlage, die Hitler 1935 und 1936 bei Goerdeler in Auftrag gegeben hatte, verhehlte er diese Überzeu-

gung nicht. Aus der kritischen Einstellung des Leipziger Ober-
bürgermeisters wurde offener Protest, als die Nationalsozialisten im November 1936 die Entfernung des Denkmals für den
Komponisten Felix Mendelssohn-Bartholdy in Leipzig erzwan-
gen, weil er Jude gewesen war. Am 1. April 1937 trat Goerdeler,
52-jährig, zurück.

Goerdelers oppositionelle Einstellung war aber noch keine
Widerstandshaltung, die auf die Beseitigung der Hitlerregierung
zielte. Mit manchen außen- und wehrpolitischen Bestrebungen
des NS-Regimes stimmte Goerdeler – wie viele Konservative –
überein. Auch wenn sie die Methoden der Nationalsozialisten
missbilligten, so gehörten die Überwindung des Versailler Ver-
trages und die Hoffnung auf die Wiederherstellung der Reichs-
grenzen von 1914 zu den gemeinsamen Zielen. Vom Stuttgarter
Industriellen Robert Bosch mit einem Beratervertrag ausgestat-
tet, unternahm Goerdeler mit Wissen und Zustimmung von
Hermann Göring (der als «Beauftragter für den Vierjahresplan»
eine zentrale Rolle in der nationalsozialistischen Wirtschaftspolitik spielte) in den Jahren nach seinem Rücktritt ausgedehnte
«Geschäftsreisen» auch ins Ausland. Als deren Folge warnte er
wiederholt Göring vor einer Unterschätzung Frankreichs und
Großbritanniens durch die deutsche außenpolitische Führung.
Gleichzeitig machte er auf den negativen Eindruck aufmerksam,
den die nationalsozialistische Kirchenpolitik und die Judenverfolgung im Ausland zur Folge hatten. Der eigentliche Zweck
der Reisen Goerdelers bestand darin, im Ausland Sympathien
und Verständnis für oppositionelle Haltungen gegenüber der
Reichsregierung zu wecken und zu fördern.

Treffpunkt von Kritikern und Gegnern der Nationalsozialisten wurde die Berliner Mittwochsgesellschaft, ein traditionsrei-
cher Zirkel von liberalen und konservativen Persönlichkeiten
der Wissenschaft und des öffentlichen Lebens, der seit 1863
jeden zweiten Mittwoch zur «wissenschaftlichen Unterhaltung»
zusammenkam. Hier fand Goerdeler gedankliche Übereinstim-
mung in der Kritik an Hitler mit dem Generalstabschef des Heeres, Ludwig Beck, mit dem deutschen Botschafter in Rom,
Ulrich von Hassell, dem preußischen Finanzminister Johannes

Popitz, dem Wirtschaftswissenschaftler Jens Jessen und anderen. Einig waren sich diese Männer darin, dass der Krieg, den Hitler offen anstrebte, verhängnisvoll für Deutschland sein würde. Generaloberst Ludwig Beck versuchte bis zum Sommer 1938 mit Denkschriften und Vorträgen über das Risiko eines Krieges für Deutschland auf Hitler einzuwirken. Als er erkannte, wie wenig Rückhalt er unter hohen Offizieren mit seinen Warnungen fand, bat er am 18. August 1938 um seinen Abschied als Chef des Generalstabs des Heeres.

Mit seinen weitreichenden Verbindungen zu Oppositionellen in ganz Deutschland wurde Goerdeler Mittelpunkt eines Widerstandskreises, der sich in verschiedenen Richtungen erweiterte und über Ludwig Beck eng mit der Militäropposition verbunden war. Nach Kriegsbeginn im Herbst 1939 fanden Gewerkschafter wie Jakob Kaiser (1949–1957 Bundesminister für gesamtdeutsche Fragen) und der Sozialdemokrat Wilhelm Leuschner (er war bis 1933 hessischer Innenminister gewesen) zum Goerdeler-Kreis. Die Industriellen Robert Bosch und Paul Reusch sympathisierten mit den Plänen des Goerdeler-Kreises, das Netz der Gleichgesinnten – überwiegend Männer des konservativen und national-liberalen Bürgertums und christliche Politiker – dehnte sich aus.

Die Aktivitäten des Goerdeler-Kreises gingen in zwei Richtungen. Zum einen drängte Goerdeler, inzwischen zum entschiedenen Gegner des NS-Regimes geworden, zum Staatsstreich, zum Sturz Hitlers durch das Militär, um die Ausweitung des Krieges zu verhindern. Zum anderen arbeitete er an Entwürfen für eine Staats- und Gesellschaftsordnung, deren Grundlage Rechtsstaatlichkeit, Moral, bürgerlicher Anstand und die christliche Weltanschauung sein sollten. Die Vorstellungen des Goerdeler-Kreises waren stärker von autoritären Zügen geprägt als von demokratischen, ganz unübersehbar waren nationalkonservative Sehnsüchte, die sich an dem von Bismarck geprägten Deutschen Kaiserreich orientierten.

Die von Carl Goerdeler Ende 1941 verfasste und von Ludwig Beck mitverantwortete Denkschrift «Das Ziel» gehört wie die «Grundsätze für die Neuordnung» aus dem Kreisauer Kreis zu

den wichtigsten Verfassungsentwürfen des Widerstands. Aus
der Entstehungszeit (es war die Zeit der größten militärischen
Erfolge Hitlers) erklärte sich die Annahme, das Deutsche Reich
werde in seinen territorialen Grenzen von 1938 (unter Ein-
schluss Österreichs, des Elsass, des Sudetenlands und polnischer
Gebiete) fortbestehen können.

Die politische Haltung des Goerdeler-Kreises zeigte sich in
dieser Denkschrift am besten. Bezeichnend sind die Aussagen
zum Wahlrecht, zum Reichsaufbau von unten nach oben, zum
Selbstverwaltungsgedanken und zur beherrschenden Stellung
des Reichskanzlers. Die Volksvertretung erscheint unter den
verfassungsmäßigen Institutionen an letzter Stelle, quasi als An-
hängsel der Reichsregierung. Dem indirekt gewählten Reichstag
sollte ein nichtgewähltes Reichsständehaus (aus Vertretern von
Berufsgruppen, Hochschulen und vom «Staatsführer» Berufe-
nen) gleichberechtigt zur Seite stehen. Bei der Aufzählung der
notwendigen Minister erscheint der Wehrminister an erster
Stelle. Ein Arbeitsministerium wurde bewusst abgelehnt, weil
sich alle Ressorts in gleicher Weise für diesen wichtigsten Bereich sozialen Lebens engagieren sollten. («Die Einrichtung
eines besonderen Arbeitsministeriums vermindert die entscheidende Verantwortung, die jeder Minister als erste gerade auf dem
Gebiet der Arbeit hat.»)

Patriarchalische Züge mischen sich in der Konzeption Goerdelers und Becks mit moralisch-aufklärerischen Forderungen.
Verantwortungsgefühl und das «Vertrauen anständiger Männer
untereinander» waren den Verfassern der Denkschrift wichtigere Werte als demokratische Kategorien der Mitwirkung und
Mitbestimmung in Staat und Gesellschaft. «Der diktatorische
oder tyrannische Führerstaat» schien ihnen «ebenso unmöglich
wie der entfesselte überdemokratische Parlamentarismus». Als
Staatsspitze wurden Möglichkeiten wie Erbkaiser, Wahlkaiser
oder auf Zeit gewählter «Reichsführer» erwogen, mit einer
deutlichen Vorliebe für die Erbmonarchie. Von einer parlamentarischen Demokratie war das Staatsmodell Goerdelers und
Becks mit einem gegenüber dem gewählten Parlament gleichbe-
rechtigten «Ständehaus» und einer vom Parlament nicht kon-

trollierten Exekutive weit entfernt. Diese Verfassung wäre sogar gegenüber dem Kaiserreich ein Rückschritt gewesen.

Im Winter 1941/42 konkretisierten sich die Pläne dahin, dass nach dem gewaltsamen Sturz Hitlers zunächst ein Direktorium die Regierungsgewalt ausüben sollte: Generaloberst Beck als Staatsoberhaupt («Reichsführer»), Goerdeler als Reichskanzler und Generalfeldmarschall von Witzleben als Oberbefehlshaber des Heeres. Ministerlisten wurden ausgearbeitet, die später der Gestapo in die Hände fielen, für viele mit tödlichen Folgen. Ein Regierungsprogramm entstand im Sommer 1944 in der Erwartung des bevorstehenden Staatsstreichs. Dazu bedurfte es langer Verhandlungen und immer neuen Einwirkens auf die Militäropposition. 1942 versuchte Goerdeler, einen hochrangigen und populären Truppenbefehlshaber für den Widerstand zu gewinnen. Generalfeldmarschall Erwin von Witzleben kam nicht mehr in Frage, als er im Februar 1942 von Hitler als Oberbefehlshaber West abgelöst wurde. Im Spätherbst 1942 versuchte Goerdeler vergeblich, den Chef der Heeresgruppe Mitte an der Ostfront, den Generalfeldmarschall Kluge, auf die Seite der Opposition zu ziehen. Weil sich die populären Frontkämpfer wie auch der «Wüstenfuchs», Generalfeldmarschall Erwin Rommel, versagten, blieben nur die Offiziere in Positionen des Ersatzheeres, vor allem in Berliner Dienststellen, die den Staatsstreich militärisch durchsetzen konnten. Wichtigster Ansprechpartner war General Friedrich Olbricht, der Chef des Allgemeinen Heeresamtes.

Je mehr Zeit verstrich und je mehr Attentatspläne der Militäropposition misslangen, je mehr sich die militärische Lage für Deutschland verschlechterte, desto deutlicher wurde, dass der Staatsstreich nicht mehr der politischen Erneuerung, sondern nur noch der Beendigung des Krieges dienen konnte. Er hatte zudem das Ziel, der Welt ein Zeichen zu setzen, dass es Widerstand gegen den Nationalsozialismus gegeben hatte. Eine Regierung Goerdeler/Beck, die nach der Beseitigung Hitlers amtieren sollte, hätte nicht viel mehr tun können, als einen Waffenstillstand ohne Bedingungen zu schließen.

Schon vor dem 20. Juli 1944, an dem das Attentat auf Hitler

stattfand, geriet Goerdeler unter Verdacht der Gestapo und tauchte unter. Nach einer Denunziation wurde er entdeckt und am 12. August 1944 verhaftet. Am 8. September 1944 zum Tode verurteilt, wurde er nach vielen Verhören am 2. Februar 1945 im Gefängnis Berlin-Plötzensee hingerichtet. Sein Schicksal teilten Johannes Popitz und der konservative Großgrundbesitzer Ewald von Kleist-Schmenzin, der katholische Zentrumspolitiker und frühere Staatspräsident Württembergs Eugen Bolz, der Diplomat Ulrich von Hassell, der ehemalige deutsche Botschafter in Moskau, Graf von der Schulenburg und viele andere.

Diplomaten: Der Solf-Kreis

Typisch für die Formierung von Regimekritik unter gebildeten Bürgern, die zum Widerstand gegen das NS-Regime wurde, waren die Teegesellschaften in der Berliner Wohnung von Hanna Solf. Sie war die Witwe des 1936 verstorbenen deutschen Botschafters in Tokio. In ihrem Salon trafen sich Diplomaten aus dem Auswärtigen Amt, wie der Gesandte Dr. Otto Kiep, der Legationsrat Hilger van Scherpenberg (er war Schwiegersohn des ehemaligen Reichsbankpräsidenten und Wirtschaftsministers Hjalmar Schacht), der Botschaftsrat i. R. Albrecht Graf von Bernstorff, Industrielle wie Nikolaus von Halem und Publizisten wie Karl Ludwig Freiherr von und zu Guttenberg, der Herausgeber der katholischen Zeitschrift «Weiße Blätter». Vom Solf-Kreis wurden weder Attentate geplant noch Entwürfe für eine Staats- und Gesellschaftsordnung nach Hitler ausgearbeitet. Hier tauschten vielmehr Gleichgesinnte in der Abneigung gegen den Nationalsozialismus ihre Gedanken aus. Vor allem aber liefen viele Verbindungen vom Solf-Kreis zu anderen Gegnern Hitlers. Halem hatte nicht nur Kontakt zur Militäropposition, sondern auch zur kommunistischen Uhrig-Römer-Gruppe. Über Otto Kiep gab es Beziehungen zu regimekritischen Beamten im Auswärtigen Amt und zum Kreisauer Kreis. Mitgliedern des Solf-Kreises war die Hilfe für Verfolgte, vor allem für Juden, ein Anliegen.

In eine Zusammenkunft bei Elisabeth von Thadden am 10. September 1943 hatte die Gestapo einen Spitzel eingeschleust. Seiner Denunziation fielen die meisten Angehörigen des Zirkels zum Opfer. Während Hanna Solf, ihre Tochter Gräfin Ballestrem und van Scherpenberg wegen mehrmaliger Verschiebung ihrer Gerichtsverhandlung das Kriegsende überlebten, wurden Elisabeth von Thadden, Otto Kiep, Freiherr von und zu Guttenberg, Nikolaus von Halem und andere hingerichtet. Graf Bernstorff und Legationsrat Richard Kuenzer wurden noch am 24. April 1945 in der Nähe des Lehrter Bahnhofs in Berlin ermordet.

Gelehrte: Der Freiburger Kreis

Drei Professoren der Volkswirtschaft, Adolf Lampe, Constantin von Dietze und Walter Eucken, die auch der Bekennenden Kirche angehörten, arbeiteten seit Ende 1938 in einem Gesprächskreis, dem «Freiburger Konzil», zusammen, um mit dem Historiker Gerhard Ritter und Geistlichen beider Konfessionen theologische Fragen zu diskutieren. Es ging vor allem um das Problem, wie sich Christen gegenüber einem Staat verhalten sollen, dessen Führung die göttlichen Gebote missachtet. Gerhard Ritter verdichtete die Überlegungen zu einer Denkschrift, und die Bekennende Kirche gab den Freiburgern den Auftrag, Grundsätze der Neuordnung Deutschlands für eine nach dem Krieg geplante Weltkirchenkonferenz auszuarbeiten. Eine aus dem Konzil hervorgegangene Gruppe arbeitete daran; zur Diskussion des Entwurfs wurde auch Carl Goerdeler eingeladen. Nach dem 20. Juli 1944 wurden Dietze, Lampe und Ritter verhaftet, weil die Gestapo von der Verbindung der Freiburger zum Goerdeler-Kreis erfahren hatte.

Eine weitere Freiburger Gruppe, zu der die Wirtschaftswissenschaftler Dietze, Eucken und Lampe ebenfalls gehörten, beschäftigte sich seit 1943 mit Problemen der Wirtschaft nach dem Krieg. Die Gelehrten dieser «Arbeitsgemeinschaft Erwin von Beckerath» erstellten Gutachten für den Übergang von der Plan- zur Marktwirtschaft. Die Freiburger Nationalökonomen,

Finanz- und Staatswissenschaftler, die eine zentralgelenkte Wirt-
schaftsordnung ebenso ablehnten wie einen völlig sich selbst
überlassenen marktwirtschaftlichen Wettbewerb, leisteten mit ihren Gutachten und wissenschaftlichen Untersuchungen die theo-
retischen Vorarbeiten für die nach dem Krieg in Westdeutschland
von Ludwig Erhard eingeführte soziale Marktwirtschaft.

Intellektuelle: Die Rote Kapelle

Der Name dieses Widerstandsnetzes, dem über 150 Menschen
unterschiedlicher politischer und weltanschaulicher Herkunft
angehörten, stammt von der deutschen militärischen Abwehr.
Er wurde ursprünglich für verschiedene Gruppen gebraucht, die
zu Beginn des Zweiten Weltkriegs in Westeuropa für den sowjetischen Nachrichtendienst arbeiteten, dann auch als Pauschal-
bezeichnung für vorwiegend linksintellektuelle Widerstandsgruppen in Berlin. Sie wurden wegen ihrer Kontaktaufnahme
mit der Sowjetunion von den Nationalsozialisten dem westeuro-
päischen Netz der Roten Kapelle zugeordnet.

Es handelte sich ursprünglich um mehrere Gesprächskreise, die
sich zum Teil schon seit 1933 in der Opposition gegen den Nationalsozialismus zusammengefunden hatten. Bei Arvid Harnack
(er war Oberregierungsrat im Reichswirtschaftsministerium) und
seiner Frau Mildred trafen sich Intellektuelle und Wissenschaftler. Um Harro Schulze-Boysen, der seit 1934 als Oberleutnant im
Reichsluftfahrtministerium arbeitete, scharte sich ein Freundeskreis sehr unterschiedlicher gesellschaftlicher Herkunft, zu dem
der Bildhauer Kurt Schumacher ebenso gehörte wie der Schriftsteller Günther Weisenborn, die Tänzerin Oda Schottmüller oder
der nichtparteigebundene Kommunist Walter Küchenmeister.
Seit 1940 standen Schulze-Boysen und Harnack in Verbindung.
Hinzu kamen ein Kreis junger Kommunisten, dessen Mittelpunkt
der Arbeiter Hans Coppi bildete, eine Gruppe um den Schweizer
Psychoanalytiker John Rittmeister und andere, die sich in Diskussionen um Kunst, Kultur und Politik zu Gegnern der nationalsozialistischen Diktatur entwickelt hatten.

Ab Herbst 1940 hatte Arvid Harnack Kontakt zu einem Mitarbeiter des sowjetischen Nachrichtendienstes in Berlin, ab März 1941 nahm auch Schulze-Boysen an den Treffen teil. Sie beabsichtigten, mit der sowjetischen Seite eine Gesprächs- und Vertrauensbasis zu schaffen, die eine Beendigung des Krieges und dann die außenpolitische Verständigung mit Ost und West ermöglichen sollte. Es gelang der Harnack/Schulze-Boysen-Gruppe jedoch nur in Ansätzen, eine Kommunikation mit Moskau aufzubauen. Sie hatte wohl nicht die Möglichkeit, umfassende militärische Pläne der Wehrmacht an die Sowjetunion zu übermitteln. Was und wie viel der sowjetischen Seite berichtet wurde, ist unter Historikern immer noch umstritten. Allerdings wurde schon im Sommer 1942 der sowjetische Versuch, über Fallschirmspringer Nachrichtenverbindungen zu deutschen Widerstandskreisen herzustellen, der Roten Kapelle zum Verhängnis.

Mehr als 150 Personen waren beteiligt an der Widerstandsorganisation, die sich vor allem durch Flugschriften und Klebezettel in Berlin bemerkbar gemacht hatte. 126 von ihnen wurden zwischen Herbst 1942 und Frühjahr 1943 verhaftet und wegen «Spionage», «Vorbereitung zum Hochverrat» oder «Feindbegünstigung» vom Reichskriegsgericht oder dem Volksgerichtshof zu Todes- und Zuchthausstrafen verurteilt. Einige wurden ohne Verfahren ermordet.

Aus ganz verschiedenen gesellschaftlichen Schichten kommend, mit unterschiedlicher Bildung und von ganz abweichenden politischen Überzeugungen hatten die Träger dieses Widerstands die Beendigung des Krieges erstrebt. Sie hofften auf eine Vertrauensbasis mit der Sowjetunion, die eine außenpolitische Verständigung mit Moskau ermöglicht hätte. Dadurch sollte Deutschland eine Mittlerrolle zwischen Ost- und Westeuropa in einer neuen Friedensordnung zufallen. Grundgedanke im Konzept der Roten Kapelle war die Sicherung der Eigenständigkeit Deutschlands als Nationalstaat. Die Rote Kapelle war weder die straff organisierte kommunistische Kadergruppe, die Moskaus Befehle ausführte (so lautete die offizielle Version der DDR-Geschichtsschreibung), noch die landesverräterische Spionageorganisation im Dienste des Feindes (als die sie viele westdeutsche Historiker lange Zeit einordneten).

9. Die Militäropposition

Die Reichswehr hatte die Machtübernahme Hitlers mehrheitlich begrüßt. Die Militärs hofften auf die Überwindung der Hemmnisse des Versailler Vertrags, auf Wiedereinführung der Wehrpflicht und bessere Karrierechancen durch die Vergrößerung der Streitkräfte. Viele befürworteten die Beseitigung der parlamentarischen Demokratie und standen der angekündigten autoritären Staatsordnung erwartungsvoll gegenüber. Die Militärs hatten nichts dagegen, dass die Hitlerregierung die politische Linke ausschaltete, politische Gegner verfolgte und mit der NSDAP ein Einparteien-Regime errichtete. Die Reichswehr unterstützte die Mordaktion des 30. Juni 1934 («Röhmputsch»), bei der die Spitze der SA liquidiert wurde, weil damit eine gefährliche und zugleich verachtete Konkurrenz ausgeschaltet wurde. Im August 1934 gab es auch keine Einwände seitens der militärischen Führung, als Hitler gegen die formal noch geltende Reichsverfassung und auch nicht legitimiert durch das Ermächtigungsgesetz nach dem Tod des Reichspräsidenten von Hindenburg die Ämter des Reichskanzlers und des Staatsoberhaupts vereinigte und damit auch Oberbefehlshaber der Streitkräfte wurde. Reichswehrminister von Blomberg, den Nationalsozialisten blind ergeben, führte sogar eine neue Eidesformel ein, mit der die Soldaten Hitler persönlich Treue gelobten.

Empörung über die Morde des 30. Juni 1934, denen auch zwei ehemalige Generale (unter ihnen Kurt von Schleicher, Hitlers Vorgänger als Reichskanzler) zum Opfer fielen, war Sache nur weniger Offiziere. Zu ihnen gehörte der damalige Major Hans Oster von der Abwehrabteilung des Reichswehrministeriums. Er und einige Gleichgesinnte missbilligten die Zerstörung des Rechtsstaats und verabscheuten die Methoden des NS-Regimes, dessen Antisemitismus und Kirchenfeindschaft.

Skepsis nach der Begeisterung:
Hitlers Kriegspläne und die Wehrmacht

Opposition im Militär regte sich erst um die Jahreswende 1937/38, als manche Offiziere die Gefahren der aggressiven Außenpolitik Hitlers zu erkennen begannen. Zu ihnen gehörte auch der Oberbefehlshaber des Heeres, Generaloberst Werner Freiherr von Fritsch, der Hitlers Annexionsabsichten gegen die Tschechoslowakei und Österreich kritisch gegenüberstand. Eine Intrige, die von der SS angezettelt wurde, um ihn und andere konservative Generale loszuwerden, drängte ihn Anfang 1938 aus dem Amt. Diese Intrige, die auch den Kriegsminister von Blomberg zu Fall brachte, machte es Hitler möglich, die Spitze der militärischen Organisation so umzubauen, dass er nicht nur formell, sondern auch tatsächlich Oberbefehlshaber der Wehrmacht wurde. Die Armee war nunmehr praktisch gleichgeschaltet und nicht mehr in der Lage, Einfluss auf den politischen Entscheidungsprozess zu nehmen.

Hitler hatte im November 1937 den Offizieren an der Spitze der Wehrmacht mitgeteilt, dass er Österreich und die Tschechoslowakei annektieren wolle, als erste Etappen zur Erweiterung des deutschen «Lebensraumes» durch Krieg. Der Chef des Generalstabs des Heeres, Generaloberst Ludwig Beck, versuchte, sich dieser Entwicklung entgegenzustemmen. Nach der Annexion Österreichs im März 1938 hoffte Beck, erst mit Denkschriften den Gang der Dinge zu beeinflussen, und suchte dann vergeblich die Generale zur Gehorsamsverweigerung zu bewegen. Im August 1938 trat er in der Erkenntnis seines vergeblichen Bemühens zurück.

Ähnlich wie Beck dachten andere hochrangige Offiziere, etwa der Leiter der militärischen Abwehr, Admiral Wilhelm Canaris, und dessen Stabschef Hans Oster sowie Becks Nachfolger als Chef des Generalstabs des Heeres Franz Halder. Auch der Kommandierende General des III. Armeekorps, Erwin von Witzleben, gehörte zu den Militärs, die Überlegungen anstellten, wie man Hitler an der Fortsetzung seiner aggressiven Politik hindern könnte. Zwei Strömungen standen bei den zum Staatsstreich bereiten Offizieren einander gegenüber. Die eine, vertreten durch die Männer der Abwehr, zielte dahin, Hitler festzunehmen und zu töten; die andere beabsichtigte lediglich, den «Führer» zu zwingen, seine Kriegspläne aufzugeben. Zu letzteren gehörten der Generalstabschef des Heeres Halder und der Oberbefehlshaber des Heeres Walther von Brauchitsch.

Tyrannenmord: Das verschobene Attentat

Als Hitler im September 1938 die Tschechoslowakei durch Kriegsandrohung zur Abtretung des Sudetengebietes zwang, war der Kreis um Oberstleutnant Hans Oster zu einer gewaltsamen Aktion gegen die Reichskanzlei entschlossen. Hitler sollte getötet werden, um den Frieden zu retten. Absicht der oppositionellen Offiziere um Beck und den Goerdeler-Kreis war es hingegen, unmittelbar nach der Kriegserklärung, mit der Hitler nach ihrer Ansicht die Zerstörung der Tschechoslowakei beginnen würde, ihn durch einen Staatsstreich zu stürzen. Diese Absicht war auch in London bekannt. Goerdeler hatte über einen Mittelsmann das Foreign Office ins Bild gesetzt. Der Gutsbesitzer Ewald von Kleist-Schmenzin war im August 1938 auf Wunsch Osters und mit Billigung Becks nach London gereist, wo er die Pläne sogar Winston Churchill vortragen konnte. Mit der diplomatischen Lösung der Sudetenkrise durch das «Münchener Abkommen», das mit britischer und französischer Billigung zustande kam, in dem am 29./30. September 1938 Prag der Annexion der Sudetengebiete durch das Deutsche Reich zustimmen musste, entfielen die Voraussetzungen für den geplanten Putsch.

Die Militäropposition resignierte für längere Zeit und blieb auch nach dem Überfall auf Polen am 1. September 1939 passiv. Skeptisch beurteilten die Führer der Wehrmacht den Ausgang des Krieges gegen Frankreich und Großbritannien, weil die Wehrmacht noch nicht hinlänglich gerüstet und ausgebildet sei. Die Missachtung der Neutralität Belgiens, Hollands und Luxemburgs missbilligten viele. Die Nachrichten von dem deutschen Schreckensregiment in Polen taten ein Übriges, um das Offizierskorps an der Westfront gegen Hitler einzunehmen. Alle Vorbereitungen zu einem Staatsstreich wurden jedoch Anfang November 1939 von General Halder abgebrochen, weil er glaubte, Hitler sei über diese Aktivitäten informiert. Oster, einem der engagiertesten Regimegegner, blieb nichts anderes übrig als der Versuch, Holland, Dänemark und Norwegen vor dem deutschen Überfall zu warnen.

Mit dem «Blitzkrieg» gegen Frankreich und der Besetzung großer Teile Westeuropas 1940 wuchs das Ansehen Hitlers noch einmal. Die Begeisterung erfasste Soldaten und Zivilisten in gleicher Weise. Billigung fand bei vielen auch noch der Angriff auf die Sowjetunion im Juni 1941. Die Zustimmung hielt mindestens bis zur Niederlage in Stalingrad Anfang 1943 an. Die Mehrheit der Deutschen ließ sich von Hitlers Erfolgen blenden und glaubte allzu lange daran, für eine gute Sache, für ein größeres und besseres Deutschland und gegen den Kommunismus zu kämpfen. Viele hohe Militärs sahen, wie von Goebbels propagiert, den Überfall auf die Sowjetunion als berechtigten und notwendigen «Kreuzzug» gegen den Bolschewismus.

Die Männer der Militäropposition hielten Distanz zum NS-Regime. Ludwig Beck stand schon vor seinem Rücktritt in Kontakt mit Goerdeler. Offiziere wie die Generale Halder, von Witzleben oder Georg Thomas hatten ebenfalls Verbindung zum zivilen Widerstandskreis um den ehemaligen Leipziger Oberbürgermeister aufgenommen. Die engagiertesten Hitlergegner im militärischen Bereich waren aber die Männer im «Amt Ausland/ Abwehr» des Oberkommandos der Wehrmacht (OKW) unter Admiral Canaris. Bis April 1943 war die Dienststelle ein Zentrum des Widerstands mit engen Kontakten zum Kreisauer Kreis. Die Aktivitäten der Gruppe um Wilhelm Canaris und General Hans Oster wurden seit 1939/40 vom Chef des Reichssicherheitshauptamtes Heydrich beobachtet. Angesichts der Sondierungen beim Vatikan, die der Münchner Rechtsanwalt Josef Müller (genannt «Ochsensepp»), getarnt als Oberleutnant in der Abwehrstelle München, zwischen September 1939 und April 1940 durchführte, prägte Heydrich den Begriff «Schwarze Kapelle». Versuche, über die Kontakte der Verschwörer im Amt Ausland/Abwehr des Oberkommandos der Wehrmacht zum

Vatikan die Westoffensive im Frühjahr 1940 durch Information der Alliierten zum Scheitern zu bringen, blieben erfolglos. 1943 wurde nach der Verhaftung einiger Mitarbeiter (Dohnanyi, Bonhoeffer) und der Kaltstellung Osters das «Amt Abwehr» als Ort des Widerstands lahmgelegt. Im Februar 1944 wurde auch Canaris abgelöst, etwas später unter Hausarrest gestellt, dann ins KZ Flossenbürg eingeliefert und im April 1945 hingerichtet.

In drei wichtigen militärischen Dienststellen entstanden ab Ende 1941 oppositionelle Gruppen, die auch Verbindung untereinander aufnahmen: Im «Allgemeinen Heeresamt beim Befehlshaber des Ersatzheeres», geleitet von General Friedrich Olbricht, beim Militärbefehlshaber in Frankreich (General Carl-Heinrich von Stülpnagel) und an der Ostfront in der Heeresgruppe Mitte, dessen Erster Generalstabsoffizier Henning von Tresckow Mittelpunkt einer Gruppe von Regimegegnern war. Die Gräuel der deutschen Besatzungspolitik im Osten und der 1941 beginnende Massenmord an den Juden durch die Einsatzgruppen der SS und in den Vernichtungslagern blieben den Soldaten der Wehrmacht nicht verborgen. Offiziere, die Rechtsempfinden und Moral über soldatisch-militärische Pflichterfüllung stellten, waren zwar in der Minderheit, aber es gab sie, wie den Obersten Claus Schenk Graf von Stauffenberg, der nach schwerer Verwundung in Afrika 1944 Chef des Stabes beim Oberbefehlshaber des Ersatzheeres in Berlin wurde. Graf Stauffenberg drängte seit Frühjahr 1942 auf einen Staatsstreich, um Hitler auszuschalten und die Verbrechen des Regimes zu beenden.

Die Suche nach einem populären Frontgeneral, der sich an die Spitze der Erhebung stellen würde, war mühsam und blieb erfolglos. Unterdessen scheiterten aber auch auf geradezu groteske Weise alle Attentatsversuche gegen Hitler. Nachdem schon etliche Pläne fehlgeschlagen waren, sollte Hitler bei einem Besuch der Heeresgruppe Mitte in Smolensk erschossen werden. Aus Rücksicht auf unbeteiligte Offiziere unterblieb der Anschlag jedoch; Oberst Tresckow ließ dann im Flugzeug Hitlers eine Bombe verstecken, die ihn auf dem Rückflug in die Luft sprengen sollte. Aber der Zünder versagte.

Im März 1944 schmuggelte der Abwehroffizier Oberst Rudolf-Christoph von Gersdorff eine Bombe ins Berliner Zeughaus, wo Hitler erbeutetes Kriegsmaterial besichtigen wollte, aber – wie beim Bürgerbräuattentat Georg Elsers 1939 – verließ Hitler die Ausstellung unerwartet früh. Zwei junge Offiziere, Axel von dem Bussche und Ewald-Heinrich von Kleist, wollten Hitler Anfang 1944 anlässlich der Vorführung neuer Uniformen beseitigen. Da er nicht erschien, war auch dieser Plan gescheitert. Auch die Absicht des Rittmeisters Eberhard von Breitenbuch, als Ordonnanzoffizier des Generalfeldmarschalls Busch Zugang zu Hitler zu finden und ihn bei einer Besprechung am 11. März 1944 zu erschießen, schlug fehl, weil die SS-Wachen den Ordonnanzen den Zutritt verweigerten.

Im Sommer 1944 war die militärische Lage längst aussichtslos. In der Normandie waren die Alliierten gelandet, die Ostfront war in der Mitte zusammengebrochen, die deutsche Niederlage war nur noch eine Frage der Zeit. Die oppositionellen Offiziere standen vor der Frage, ob ein gewaltsamer Umsturz noch Sinn habe, da absehbar war, dass die Geschicke der Deutschen nach Kriegsende von den Siegern bestimmt würden.

Die «Freiheitsaktion Bayern»

Nicht mehr als eine tragische Arabeske zur Militäropposition war die späte «Freiheitsaktion Bayern», mit der ein Hauptmann Rupprecht Gerngroß, Chef einer Dolmetscherkompanie, in den allerletzten Kriegstagen in München den Aufstand gegen das NS-Regime wagte. In der Nacht zum 28. April 1945 besetzte angesichts der rasch vorrückenden US-Army eine Gruppe der Freiheitsaktion die Münchner Rundfunksender in Freimann und Erding. Eine Proklamation wurde verlesen, in der es hieß, die Freiheitsaktion Bayern habe «die Regierungsgewalt erstritten». Ein Programm wurde verkündet mit vagen Forderungen: «1. Ausrottung der Blutherrschaft des Nationalsozialismus, 2. Beseitigung des Militarismus, 3. Wiederherstellung des Friedens, 4. Kampf gegen die Anarchie, 5. Sicherstellung der Ernährung, 6. Wiederherstellung geordneter wirtschaftlicher

Verhältnisse, 7. Wiederaufbau des Rechtsstaates, 8. Errichtung einer sozialen Ordnung, 9. Wiedereinführung der Grundrechte, 10. Wiederherstellung der Menschenwürde.» Hauptmann Gerngroß versuchte vergeblich, den Reichsstatthalter Franz Ritter von Epp zu bewegen, die Kapitulation Bayerns den US-Streitkräften anzubieten. Die Bevölkerung wurde über Radio aufgerufen, sich gegen die Nationalsozialisten zu erheben.

In einigen bayerischen Orten wurde der Aufruf befolgt, Bürger veranstalteten eine «Fasanenjagd» gegen NSDAP-Funktionäre, setzten sie fest und übernahmen die Gemeindeverwaltungen. In den Mittagsstunden des 29. April brach die Freiheitsaktion Bayern zusammen. Die Aufständischen wurden von Einheiten der SS und der Wehrmacht verhaftet und hingerichtet. Gerngroß und einigen weiteren gelang es, unterzutauchen. Am folgenden Tag, dem 30. April 1945, besetzten amerikanische Streitkräfte München. Die «Freiheitsaktion» hat als schlecht vorbereiteter Putsch nichts bewirkt außer Racheakte der Nationalsozialisten, denen in Penzberg und Altötting mehr als 20 Menschen zum Opfer fielen. Insgesamt forderte der Aufstand in letzter Stunde des NS-Regimes noch 41 Menschenleben.

10. Widerstand aus dem Exil

In einer ersten Emigrationswelle entzogen sich ab Frühjahr und Sommer 1933 Gegner des Nationalsozialismus, die durch parteipolitische, publizistische oder sonstige Aktivitäten exponiert waren, durch Massenflucht der Verfolgung. Es waren vor allem Funktionäre der Arbeiterbewegung, Kommunisten, Sozialdemokraten, Sozialisten links der SPD, Journalisten und Literaten, Künstler und Intellektuelle, die den zur Macht gekommenen Nationalsozialismus fürchten mussten. Insgesamt waren es etwa 30 000 Personen, die aus politischen Gründen zwischen 1933 und 1939 das Deutsche Reich (einschließlich des 1938 angeschlossenen Österreich und der annektierten Sudetengebiete) verlassen hatten. Die politische Emigration verlief in mehreren Wellen. Die erste setzte mit dem Terror der «Macht-ergreifungs»-Zeit ein, und zu ihr gehörten die Errichtung von Stützpunkten und Auslandsvertretungen der SPD, die Etablie-rung des Exilvorstandes der Sozialdemokratie in Prag (Mai 1933), die Verlegung der KPD-Zentrale nach Paris und dann nach Moskau. Eine zweite politische Emigrationswelle erfolgte 1934, als einige tausend Protagonisten der österreichischen Ar-beiterbewegung nach dem Schutzbundaufstand gegen die Doll-fuß-Regierung vor allem in die Tschechoslowakei flohen. Die dritte Welle brachte die Saar-Abstimmung 1935, als wiederum in erster Linie Angehörige der Arbeiterbewegung aus dem Saar-gebiet u. a. nach Frankreich fliehen mussten, weil das Territo-rium ihres Refugiums nach dem Plebiszit an das Deutsche Reich fiel. Unter diesen ca. 4000 politischen Flüchtlingen be-fanden sich viele, die bereits in der ersten Emigrationswelle das Deutsche Reich verlassen hatten. Nach dem Anschluss Öster-reichs im Frühjahr 1938 flohen dann nicht nur die Reste der Sozialdemokraten und Kommunisten, sondern auch christlich-soziale Anhänger des Ständestaats, bürgerliche Konservative, vor allem in die Tschechoslowakei. Die letzte Emigrantenwelle folgte der Annexion der Sudetengebiete; 4–5000 Sozialdemo-kraten und etwa 1500 Kommunisten flohen ins Exil, Aufnah-meländer dieser Gruppen waren namentlich Großbritannien und Schweden.

Das politische Exil verstand sich als eine Form des Wider-stands im Kampf für ein besseres Deutschland nach Hitler. An-dere als publizistische Waffen standen kaum zur Verfügung, die Zahl der Periodika, die in den Orten des deutschsprachigen politischen Exils veröffentlicht wurden, die die Meinung des Auslands beeinflussen und auch in Deutschland Wirkung haben sollten, war beträchtlich. Das politische Exil äußerte sich im Kampf gegen Hitler vielstimmig, nach politischen Richtungen getrennt, in Fraktionen gespalten. Alle Bemühungen, in einer «Volksfront» die Kräfte des «anderen Deutschland» zu bün-deln, wie sie Mitte der dreißiger Jahre in Paris unternommen wurden, scheiterten am Gegensatz von Sozialdemokraten und

Kommunisten, an dogmatischer Intransigenz auf der einen und Misstrauen auf der anderen Seite.

Die Möglichkeiten eines deutschen politischen Widerstands im Ausland waren begrenzt. Dafür sorgten nicht nur die Exilländer mit Restriktionen der politischen Betätigung. Auch die Fortdauer der weltanschaulichen Differenzen in Parteien und Gruppen hemmte die Wirksamkeit des Exilwiderstands. In den Gruppierungen und Organisationen des Exils lebte die Parteienlandschaft der Weimarer Republik weiter; an den Konstellationen und Positionen änderte sich kaum etwas. SPD und KPD fanden im Exil zu keiner Gemeinsamkeit, die linken Splitterparteien und die diversen Richtungen der Gewerkschaften führten ihr Eigenleben lange weiter, ebenso wie bürgerlich-demokratische oder konservativ-christliche Organisationen wie die Deutsche Freiheitspartei.

Widerstand gegen Hitler und das nationalsozialistische Regime vom Ausland aus konnte in den Jahren 1933 bis 1938/39 nur darin bestehen, die Weltöffentlichkeit und die Deutschen aufzuklären über den wirklichen Charakter und die Ziele des Regimes, zu warnen, zu beschwören, zu mahnen. Das geschah in Zeitungen wie dem «Pariser Tageblatt» beziehungsweise der «Pariser Tagezeitung» (1933 bis 1940), der «Deutschen Freiheit» (1933 bis 1935 in Saarbrücken) oder dem Londoner Blatt «Die Zeitung» und in Wochenschriften wie dem «Neuen Vorwärts», dem «Gegenangriff», dem «Neuen Tage-Buch», der «Neuen Weltbühne», der «Zukunft» und vielen anderen. Dazu kam eine Fülle von kulturpolitischen, literarischen Zeitschriften, erwähnt seien nur «Die Sammlung», die ab Herbst 1933 in Amsterdam publiziert wurde, «Maß und Wert» ab Herbst 1937 in Zürich, die «Neuen Deutschen Blätter» ab September 1933 in Prag, «Das Wort» (ab Juli 1936 in Moskau) oder «Orient» (1942 bis 1943 in Haifa).

Der politischen und literarischen Publizistik des Exils dienten auch die legendären Verlage Bermann-Fischer in Stockholm, Querido in Amsterdam, Oprecht in Zürich, Malik und andere. Was heute freilich von einer spät in Gang gekommenen Exilforschung als literarische, kulturelle, humanitäre Leistung gefeiert wird, hatte damals nur bescheidene Wirkungen: Der größere Teil der Welt und die Deutschen waren von Hitler fasziniert und wenig interessiert an Aufklärung über die Verbrechen des Regimes, an Informationen über den Terror und das System der Konzentrationslager, an der beginnenden Verfolgung der Juden, an den räuberischen Absichten gegenüber Nachbarstaaten des Deutschen Reiches.

Das politische Exil befand sich in einer ähnlichen Lage wie der Widerstand in Deutschland, den vor dem Zweiten Weltkrieg vor allem die Reste der Arbeiterbewegung trugen. In den ersten Jahren, vor allem als das Saargebiet noch nicht zum Herrschaftsbereich Hitlers gehörte, gab es noch mehr Informationen und Kontakte zwischen draußen und drinnen, Kuriere brachten Flugblätter nach Deutschland und schleusten Gefährdete ins Ausland. Aber das hörte nach einiger Zeit fast ganz auf. Als der Nationalsozialismus in seine scheinbar friedliche Phase eingetreten war, in den Jahren 1935 bis 1938, brachen die Kontakte zwischen Heimat und Exil weitgehend ab. Die Emigranten blieben mit ihrer «Offensive der Wahrheit», mit ihren Versuchen, der Welt die Augen zu öffnen, allein. Dass sie sich als das andere und bessere Deutschland verstanden, war ihnen aber unverwehrt, und in dieser Existenz hat ihnen die Geschichte recht gegeben.

Mit der Zerstörung der Tschechoslowakei, mit dem Krieg gegen Polen und die Westmächte, mit dem Überfall auf die Sowjetunion und der Kriegserklärung an die Vereinigten Staaten schließlich änderten sich der Stellenwert des Exils und die Möglichkeiten des Widerstands von außen. Nun gab es die Möglichkeit, an der alliierten Kriegsführung teilzunehmen, mit militärischen Waffen oder mit denen der Propaganda. Von beiden Möglichkeiten haben die Emigranten keinen großen Gebrauch gemacht. Trotzdem sahen sie sich dann von vielen im Nachkriegsdeutschland pauschal, wenn nicht als Verräter, so doch als vaterlandslose Gesellen in fremder Uniform oder sonst wie in Diensten des Feindes diffamiert. Dabei war es Patriotismus, wenn sich das politische Exil gegen Hitlerdeutschland engagierte, es waren aber auch patriotische Gefühle, die viele vom aktiven Kampf abhielten.

Nach dem Ausbruch des Zweiten Weltkriegs hätte es wohl auch eine weitere Möglichkeit des Widerstands gegeben, nämlich die Konstituierung einer Exilregierung. Sicherlich hätte sie aber, wo auch immer etabliert, nicht die gleiche Legitimation gehabt, wie sie die Exilregierungen der von Deutschland überfallenen Nationen hatten. Aber eine, wie auch immer zustande gekommene Exilregierung aus deutschen Gegnern des national-sozialistischen Regimes hätte eine moralische Instanz dargestellt, die für das Nachkriegsgeschick der Deutschen vielleicht von Relevanz gewesen wäre. Es hat Ansätze zu einer deutschen Exilregierung gegeben. Heinrich Brüning, der letzte auf demokratische Weise ins Amt gekommene Reichskanzler, hätte an ihrer Spitze stehen sollen, Männer wie Arnold Brecht, bis 1933 preußischer Bevollmächtigter im Reichsrat, und Max Brauer, vor Hitlers Machtübernahme Oberbürgermeister von Altona und nach der Rückkehr aus dem Exil ab 1946 Bürgermeister von Hamburg, waren für wichtige Ämter vorgesehen; aber sie verweigerten sich. Heinrich Brüning begründete es im November 1943 gegenüber dem früheren Reichstagsabgeordneten Rudolf Katz: «Aus all meiner Erfahrung in der Vergangenheit, auch in den anderthalb Jahren, die ich unter dem Naziregime verlebte, habe ich geschlossen, daß es nicht so einfach ist, das Regime zu stürzen, wie Ausländer häufig annehmen. Die Proklamation einer Regierung im Ausland würde der Nazimaschine die Gelegenheit verschaffen, die Menschen zu beseitigen, die für die Zukunft Deutschlands wirklich wertvoll sein können, und die jetzt seit über zehn Jahren Verfolgung, Armut und entsetzliche geistige Belastungen ausgehalten haben. Ich kann mir vorstellen, daß Hitler, Göring und Himmler, ehe sie abtreten, auf jeden Fall versuchen werden, eine zweite Bartholomäusnacht zu veranstalten. Das zu verhindern, war für meine ganze Haltung in den Jahren meines Exils bestimmend.» (Briefe und Gespräche 1934–1945, Stuttgart 1974, S. 407).

Arnold Brecht begründete seine Absage ganz ähnlich: Auch sei es ihm im tiefsten Herzen zuwider gewesen, «vom sicheren amerikanischen Hafen aus Heldentaten des Märtyrertums von denen zu fordern, die in Deutschland der furchtbaren Realität brutalen Terrors ausgesetzt waren». Er hat aber hinzugefügt: «Später ist mir zweifelhaft geworden, ob meine Ablehnung richtig war. Eine Exilregierung hätte vielleicht die halb-offizielle Sammelstelle für Verhandlungen mit den alliierten Regierungen während des Krieges werden und dahin wirken können, daß die Alliierten für den Fall eines inneren Umsturzes dem deutschen Volke günstigere Friedensbedingungen zusagten.»

Die wichtigste Aktivität des Exilwiderstands bestand, neben dem publizistischen Kampf gegen das nationalsozialistische Regime, im Nachdenken über eine künftige deutsche Staatsordnung. Die ersten Programmschriften zum staatlichen, gesellschaftlichen und kulturellen Neubau Deutschlands nach Hitler entstanden im Exil. Der wohl früheste Text, das «Prager Manifest der Sopade», wurde im Januar 1934 vom sozialdemokratischen Exilvorstand in Prag als Ergebnis langer Debatten und mehrerer Entwürfe verabschiedet. Von Friedrich Stampfer, Curt Geyer, Erich Rinner und Rudolf Hilferding verfasst, verstand es die Hitlerdiktatur als Sieg der Gegenrevolution, der durch neuen revolutionären Kampf überwunden werden müsse, quasi um die Ausgangsposition von 1918 zu verbessern, um eine tragfähige soziale Demokratie zu errichten.

Wunschträume bestimmten die Sprache des «Prager Manifests», wenn es etwa hieß: «Die Niederwerfung des nationalsozialistischen Feindes durch die revolutionären Massen schafft eine starke revolutionäre Regierung, getragen von der revolutionären Massenpartei der Arbeiterschaft, die sie kontrolliert.» Die litaneimäßige Beschwörung der Revolution war wohl auch als Schmerzlinderungsmittel verordnet für die Wunden, die die widerstandslose Zerschlagung der organisierten Arbeiterbewegung den Sozialdemokraten und Gewerkschaftern beigebracht hatte, und um die Position der Sozialdemokratie gegen radikalere Gruppen wie «Neu Beginnen» und den ISK zu behaupten. Aber die SPD-Führer im Exil hatten auch, über die Sofortmaßnahmen nach einem Sieg über den Nationalsozialismus hinaus, die Vision eines demokratischen Staats und einer sozialistischen Gesellschaft. Dazu sollten der alte politische Apparat beseitigt und die Eliten in Bürokratie, Justiz, Polizei und Militär ausgetauscht, die Trennung von Kirche und Staat durchgeführt werden. Als Bedingung des revolutionären Wandels schienen die sofortige entschädigungslose Enteignung des Großgrundbesitzes und der Schwerindustrie sowie die Sozialisierung der Großbanken unerlässlich.

Die Illusion, dass sich das deutsche Volk aus eigener Kraft von der nationalsozialistischen Herrschaft befreien könne, verflog unter den Emigranten bis in die letzten Kriegsjahre hinein nicht vollständig. In New York trafen sich Anfang Juli 1943 Exilpolitiker zur «Landeskonferenz deutschsprachiger Sozialdemokraten und Gewerkschafter in den USA». Als Veranstalter zeichnete der deutschsprechende Zweig der Social Democratic Federation of America, die German Labor Delegation in U.S.A. und die New Yorker «Neue Volkszeitung». Einige Prominenz der deutschen Arbeiterbewegung war versammelt, wie Siegfried Aufhäuser, Hedwig Wachenheim, Friedrich Stampfer, Alfred Braunthal, Rudolf Katz, Kurt Glaser, Max Brauer. Das Referat über die staatliche Neugestaltung Deutschlands hielt Albert Grzesinski, der ehemalige Polizeipräsident von Berlin (1925/26 und 1930–1932) und preußische Innenminister (1926–1930). In der Emigration, die ihn über die Schweiz, Frankreich und Peru in die USA führte, war Grzesinski u. a. von 1939 bis 1943 Vorsitzender der «German Labor Delegation», der sozialdemokratischen Repräsentanz der deutschen Arbeiterbewegung in den USA. Unter den Resolutionen, die nach zweitägiger Beratung von der Landeskonferenz verabschiedet wurden, war eine dem künftigen Staatsaufbau Deutschlands gewidmet. Darin wurde der Hoffnung Ausdruck verliehen, dass «die allgemeine Kriegslage zu einer Revolution in Deutschland führen möge, noch ehe ein Soldat der alliierten Mächte deutschen Boden betreten hat». Die Konferenz, so hieß es weiter, würde in dieser Revolution «den vom deutschen Volke selbst ausgesprochenen und Tat gewordenen Willen zur Freiheit erblicken, dem die Welt ihre Achtung nicht versagen dürfte».

Doch allein auf ihre vage Hoffnung, dass die Deutschen sich vor der Okkupation durch alliiertes Militär revolutionär erheben würden, verließen sich die Exilanten dann doch nicht. Vorsorglich äußerten sie gegenüber der angloamerikanischen Öffentlichkeit den Wunsch, die militärischen Befehlshaber möchten nach der Okkupation Deutschlands «den demokratischen Kräften Gelegenheit und Hilfe zur Liquidierung der nationalsozialistischen Gewaltherrschaft und zum wirkungsvollen Aufbau einer neuen Demokratie [...] geben». Sie hofften also zumindest, dass die deutschen «demokratischen Kräfte» im Falle einer alliierten Okkupation, also bei Ausbleiben der revolutionären Erhebung, die Gelegenheit erhalten würden, die NS-Herrschaft selbst zu liquidieren. Auch dies sollte sich als Illusion erweisen.

1942 hatte im brasilianischen Exil der ehemalige Reichsminister Erich Koch-Weser, einer der linksliberalen Verfassungsväter von Weimar, den «Entwurf einer Deutschen Reichsverfassung nach Hitlers Sturz» fertiggestellt. Koch-Weser zog offenkundig Schlüsse aus dem Scheitern der Weimarer Republik, wenn er die Regierung gegenüber Misstrauensvoten des Parlaments stärken und wenn er den Ländern Kompetenzen entziehen wollte. Er hielt am plebiszitär gewählten Staatsoberhaupt als der Spitze einer starken Exekutive fest, und – das war ein typischer Reflex auf den Untergang der Weimarer Republik – Koch-Weser entschied sich für die eher konservative Lösung einer Stärkung der Exekutive einschließlich eines formulierten Notstandsrechts anstelle der verfassungsrechtlichen Fixierung des Instrumentariums der Massendemokratie, der politischen Parteien.

Die Zurückweisung der Kollektivschuld-These war häufiger Bestandteil von Überlegungen, die im Exil publiziert worden sind. Der britische Diplomat Lord Vansittart hatte mit seiner Schrift «Black Record. Germans Past and Present» 1941 den Grundstein gelegt für eine Debatte über den deutschen Nationalcharakter und die daraus resultierende gemeinsame Schuld aller Deutschen am Nationalsozialismus. In den USA dachten einflussreiche Männer wie der Diplomat Sumner Welles, der Politiker Henry Morgenthau jr. oder der Jurist Louis Nizer in ähnlichen Kategorien, die im Verlangen nach antideutscher Politik auch nach Hitler gipfelten. Am entschiedensten trat

Friedrich Stampfer, der langjährige Chefredakteur des sozialdemokratischen «Vorwärts», im Londoner Exil dem «Vansit-
tartismus» entgegen. Die Idee einer kollektiven Schuld und deshalb notwendiger kollektiver Bestrafung der Deutschen war in
Großbritannien und den USA nur kurzfristig im Gespräch und
nie populär. Deutsche Widerstandskämpfer im Exil, die sich als
Vertreter eines «anderen Deutschland» empfanden, fühlten sich
durch die kollektive Stigmatisierung besonders desavouiert.
Die sowjetische Deutschlandpolitik kannte keinen Kollektiv-
schuld-Vorwurf, sie wollte stattdessen die nationalen Empfin-
dungen der Deutschen instrumentalisieren. Indirekt basierte
sogar der Aufruf des Nationalkomitees «Freies Deutschland»
an die Wehrmacht und an das deutsche Volk darauf, ja darüber
hinaus wurde darin in Aussicht gestellt, dass die Selbstbefreiung
der Deutschen vom Nationalsozialismus durch die Sieger des
Zweiten Weltkriegs honoriert würde.

Die revolutionär-voluntaristische Gruppe Neu Beginnen, die
Sozialistische Arbeiterpartei Deutschlands (SAPD) und der Internationale Sozialistische Kampfbund (ISK) waren schließlich
in eine Partnerschaft mit der Exil-SPD, gegen die sie einst oppo-
niert hatten, eingetreten. So entstand 1941 die Union deutscher
sozialistischer Organisationen in Großbritannien. Ihr Ziel war
die gemeinsame Repräsentanz aller demokratisch-sozialisti-
scher (das heißt nichtkommunistischer) deutscher Emigranten
und die Diskussion und Veröffentlichung eines Bauplans zum
demokratischen Wiederaufbau Deutschlands. Wegen der unterschiedlichen ideologischen Positionen innerhalb der Union kam
es erst 1944 zum Kompromiss in den entscheidenden Punk-
ten und zur Ausarbeitung programmatischer Richtlinien zur
Wirtschaftspolitik, zur Staatsverfassung, zum Aufbau von Verwaltung und Justiz, zur Kulturpolitik und zum Erziehungs-
wesen. Diese Diskussionen im Exil wurden parallel zu den Erörterungen im Goerdeler-Kreis und zu den Debatten in Kreisau
geführt. Parallel heißt in diesem Zusammenhang vor allem:
gleichzeitig, ohne dass sich innere oder äußere Berührungs-
punkte ergeben haben.

Ernst Reuter, bis 1933 Oberbürgermeister von Magdeburg,

nach zweimaliger Konzentrationslagerhaft und Emigration Professor für Kommunalwissenschaft in Ankara, schrieb im März 1943 einen Brief an Thomas Mann, den in Kalifornien lebenden deutschen Schriftsteller. Thomas Mann sollte, das war Reuters Idee, in einem feierlichen Appell an alle Deutschen Antwort geben auf die verzweifelte Frage, «wie nach dem Sturze der verhaßten Peiniger eine neue, bessere Welt aufgebaut werden könnte». An einen Appell der Sammlung dachte Ernst Reuter, es hätte ein Brückenschlag zwischen dem Widerstand des Exils und den Kräften des Widerstands in Deutschland sein sollen.

Thomas Mann hatte in seinen Radiosendungen die «Deutschen Hörer» seit 1940 immer wieder beschworen, der Welt ein Zeichen der Abkehr von Hitler zu geben, um für die Zeit nach dem Zusammenbruch des Regimes nicht mit leeren Händen dazustehen. Im Sommer 1943, als Thomas Mann den Brief Ernst Reuters erhielt, war er zu solch einem Appell nicht mehr bereit: «Ich war immer der Meinung, daß diese führenden Kräfte aus dem Inneren Deutschlands kommen müssen, und habe über die Rolle, die wir Emigranten dazu zu spielen haben, immer recht bescheiden gedacht... Es kommt aber etwas anderes hinzu. Ich zweifle nicht, daß sich unter der deutschen Emigration eine Anzahl von Namen finden ließe, die danach angetan wären, das Vertrauen des angeredeten deutschen Volkes zu erwecken... Mit welcher Autorität aber außerdem können wir zum deutschen Volke sprechen? Doch nur mit unserer allerpersönlichsten, denn wir haben nichts hinter uns, wir sprechen nicht im Einverständnis mit den Regierungen der Länder, in denen wir leben, wir haben keinerlei Sicherheit über ihre Absichten, sondern zuweilen nur böse Ahnungen über diese Absichten. Den Deutschen irgendwelche Zusicherungen zu machen, sind wir einfach nicht in der Lage... und so scheint mir für eine solche Kundgebung, feierlich wie sie gedacht ist, der rechte Grund und Boden zu fehlen.»

In diesem Briefwechsel spiegelt sich das ganze Dilemma von Exil und Widerstand: die Zersplitterung der Kräfte, die Resignation der Hitlergegner in der Emigration, der mangelnde Kon-

takt zwischen innerem und äußerem Widerstand, das geringe
Vertrauen in die Regenerationskraft der schweigenden Mehrheit in Deutschland.

11. Das Nationalkomitee «Freies Deutschland»

Wenngleich von der Sowjetunion politisch inszeniert und von
deutschen Kommunisten im Exil dominiert, gehört das Nationalkomitee «Freies Deutschland» zum deutschen Widerstand
gegen den Nationalsozialismus. Der Versuch, den Patriotismus
von Bürgertum und Adel unter kriegsgefangenen Angehörigen
der Wehrmacht gegen Hitler zu wenden, galt in der Bundesrepublik lange Zeit als Hoch- und Landesverrat und war dort
«von Anfang an verfemt» (Bodo Scheurig), während er in der
DDR als Inkarnation antifaschistischen Widerstands gefeiert
wurde. In Krasnogorsk bei Moskau war im Juli 1943 von deutschen Kriegsgefangenen der bei Stalingrad vernichteten 6. Armee und von kommunistischen Emigranten ein «Nationalkomitee» mit dem programmatischen Titel «Freies Deutschland»
(NKFD) gegründet worden. An der Gründungsversammlung
nahmen etwa 300 Personen teil. Der Schriftsteller Erich Wei-
nert hielt das Grundsatzreferat, in dem er die Rettung des deutschen Vaterlandes durch den Sturz Hitlers propagierte und an
die deutsch-russische Waffenbrüderschaft in den Befreiungs-
kriegen gegen Napoleon erinnerte. Er appellierte zudem an den
Patriotismus der Deutschen im Zeichen der schwarz-weiß-roten
Fahnen des Kaiserreichs, mit denen auch der Saal geschmückt
war.
  Das Gründungsmanifest wurde in der ersten Nummer der
Zeitung «Freies Deutschland» publiziert, die ebenfalls durch
schwarz-weiß-rote Aufmachung deutschnationale Gefühle bei
Offizieren und Soldaten der Wehrmacht anrühren wollte. Zu
den Unterzeichnern des Manifests gehörten u. a. der Schriftsteller und spätere Kulturminister der DDR Johannes R. Becher,

der Schriftsteller Willi Bredel sowie die nach Moskau emigrierten ehemaligen Reichstagsabgeordneten der KPD Wilhelm Pieck und Walter Ulbricht. Die beiden Letzteren machten nach dem Krieg Karriere als Staatspräsident der DDR und als Generalsekretär der SED.

Das Manifest «An die Wehrmacht und an das deutsche Volk» enthielt das politische Programm des NKFD. Ausgehend von der Einsicht in das Unrecht und die Aussichtslosigkeit des Krieges, wurde zum Sturz des Hitlerregimes aufgerufen, um Deutschland als Staat und in seinem territorialen Bestand zu retten. Da niemand mit Hitler Frieden schließen werde, müsse eine neue Regierung, gestützt auf antinationalsozialistische Truppen, sofort den Krieg beenden, die Wehrmacht an Deutschlands Grenzen zurückführen und Friedensverhandlungen unter Verzicht auf alle Eroberungen beginnen. Die Verurteilung aller Kriegsverbrecher und führenden Nationalsozialisten sollte am Beginn eines freien Deutschlands stehen, in dem die demokratischen Rechte garantiert werden sollten.

Der Aufruf gipfelte in der Forderung, bewaffnet «den Weg zur Heimat, zum Frieden» zu suchen: «Die Opfer im Kampf um Deutschlands Befreiung werden tausendfach geringer sein als die sinnlosen Opfer, die eine Fortsetzung des Krieges erfordert.» Die Idee zur Gründung einer Sammlungsbewegung, in der kommunistische Emigranten Arm in Arm mit gefangenen nationalbewussten Wehrmachtsoffizieren und Soldaten gegen den Nationalsozialismus agieren sollten, war in der politischen Abteilung der Roten Armee entstanden. Stalin selbst setzte Hoffnungen auf die Sammlung aller «antifaschistischen Deutschen», um den Krieg schneller beenden zu können.

«Bund Deutscher Offiziere»

Sowjetische Offiziere und deutsche kommunistische Emigranten warben im Sommer 1943 unter den gefangenen deutschen Offizieren für die Ziele des NKFD. Die Offiziere der Wehrmacht zögerten, sich der kommunistisch dominierten Organisation anzuschließen. Sie fühlten sich aber auch von Hitler verraten, der durch sinnlose Durchhaltebefehle den Tod von mindestens 100 000 Soldaten bei Stalingrad verursacht hatte. Im September 1943 fanden sich schließlich einige deutsche Generale bereit, aus der Gefangenschaft heraus sich gegen Hitler zu wenden. Auf sowjetischen Vorschlag gründeten sie den «Bund Deutscher Offiziere». Die Mitglieder waren u. a. mit dem Versprechen geködert worden, die Sowjetunion setze sich für den territorialen Fortbestand Deutschlands in den Grenzen von 1937 ein, wenn der Offiziersbund einen Staatsstreich gegen Hitler bewirken könne. Generale, aber auch niedrigere Ränge ließen sich für den Offiziersbund (der gleich nach der Gründung mit dem NKFD zusammengeschlossen wurde) gewinnen, sahen aber ihre Erwartungen in zweifacher Hinsicht enttäuscht: Zum einen blieben die Appelle des NKFD, durch Flugblätter und über Lautsprecherdurchsagen an die deutschen Truppen der Ostfront, durch den in Moskau stationierten Rundfunksender «Freies Deutschland» (der in ganz Deutschland zu empfangen war) und durch eine Wochenzeitung (Auflage 50 000 Stück) verbreitet, wirkungslos. Zum anderen gingen die Hoffnungen des NKFD auf die Überwindung der Kluft zwischen der kommunistischen Ideologie und dem bürgerlichen Nationalbewusstsein der Soldaten nicht in Erfüllung. Die antifaschistische Schulung in den sowjetischen Kriegsgefangenenlagern erwies sich weithin als marxistisch-leninistische Indoktrination.

12. Umstrittener Widerstand: Kriegsdienstverweigerung und Fahnenflucht

In der historischen und politischen Diskussion um Verweigerung und Widerstand gegen das NS-Regime sind Bedeutung und Einordnung von Kriegsdienstverweigerung und Fahnenflucht immer noch umstritten. Während sie einerseits und traditionell als Zeichen von Angst, Feigheit und Verrat gewertet werden, spricht die andere Seite von einer Schwächung des Regimes durch individuelle Unterlassung, von Verweigerung der Unterstützung eines Eroberungskrieges und von einem individuellen Akt des Widerstands durch Desertion.

Die Motive für diese höchst risikoreichen, individuellen Entscheidungen entziehen sich dem pauschalen Zugriff ebenso wie einer detaillierten Darstellung. Man wird wohl in den meisten Fällen von einem Motivbündel ausgehen müssen, das sich von Außenstehenden kaum entwirren lässt. Insofern sind eindeutige Urteile über diese Gewissensentscheidungen nur schwer möglich. Auf jeden Fall aber wurden Kriegsdienstverweigerung und Fahnenflucht vom nationalsozialistischen Regime als Auflehnung und verbrecherische Widerstandshandlungen empfunden. Entsprechend hart waren die Strafen.

Tausende von Soldaten haben im Zweiten Weltkrieg durch Kriegsdienstverweigerung versucht, sich dem Dienst mit der Waffe zu entziehen. Dafür gab es zum einen religiöse und ethische Gründe, wie etwa bei den Zeugen Jehovas, aber auch bei evangelischen und katholischen Christen, die nicht an kriegerischem Unrecht beteiligt sein wollten. Seit August 1939 war im Deutschen Reich die «Kriegssonderstrafrechtsverordnung» in Kraft, mit der jede Art von «Wehrkraftzersetzung» unterbunden bzw. geahndet werden sollte. Defätistische Äußerungen, Anstiftung zur Fahnenflucht, alle Arten von Wehrdienstentzug standen unter Strafandrohung.

Wegen Fahnenflucht ergingen im Laufe des Krieges etwa 35 000 Urteile der Militärgerichtsbarkeit, darunter 22 000 Todesurteile, von denen 15 000 vollstreckt wurden. Nach dem Zusammenbruch des «Dritten Reiches» haben die Richter der Wehrmacht weder Unrechtsbewusstsein gezeigt noch ihr Bedauern geäußert. Der ehemalige Marinerichter Hans Filbinger ist als Prototyp des positivistischen Juristen in dieser Rolle in die Geschichte eingegangen. Sein Diktum «was damals Recht war, kann heute nicht Unrecht sein», mit dem er sich zu rechtfertigen suchte, als seine politische Karriere wegen solcher Todesurteile 1978 zerbrach, wurde zur Metapher für die Borniertheit der Täter. Zur Verantwortung gezogen wurde kaum einer der Richter, die auf ihre Paragraphen pochten, nationalsozialistischer

Ideologie folgten und von Emotionen wie Humanität nie ange-
rührt waren. Die Opfer der NS-Militärjustiz blieben, auch nach
Filbingers ruhmlosem Abgang aus dem Amt des Ministerpräsi-
denten von Baden-Württemberg, als Vaterlandsverräter, als
Drückeberger, als Feiglinge verfemt und verachtet. Erst 2002
hob der Deutsche Bundestag die Urteile der gnadenlosen Wehr-
machtsrichter pauschal auf.

Zu den Opfern der Wehrmachtsjustiz gehört aber auch die
Gruppe der «Kriegsverräter», die im Gegensatz zu den Deserteuren noch nicht rehabilitiert sind. Wegen des diffusen Delikts
«Kriegsverrat» sind viele Soldaten zum Tode verurteilt worden,
die sich nichts anderes hatten zuschulden kommen lassen als
pazifistische Gesinnung, kritische Äußerungen über den Nationalsozialismus, Skepsis gegenüber dem «Endsieg», das Hören
ausländischer Rundfunk-Stationen oder «unerlaubter Umgang
mit Kriegsgefangenen». Die Verweigerung ihrer kollektiven
Rehabilitierung wird damit begründet, dass «Kriegsverräter»
durch ihr Verhalten Kameraden gefährdet haben könnten. Das
ist freilich unwahrscheinlich und es ist kein einziger Fall nach-
weisbar, dass ein Wehrmachtsangehöriger durch einen «Kriegsverräter» in Gefahr gebracht worden ist.

Selbstverständlich waren manche Fälle von Fahnenflucht
keine Akte des Widerstands oder der Demonstration gegen den
Nationalsozialismus. Zu den Motiven gehörten sicher auch
Heimweh oder Feigheit und Verrat, ebenso wie das Entsetzen
über den Krieg, über die Verbrechen an der Zivilbevölkerung
und über die Judenmorde, deren unfreiwillige Zeugen viele
Wehrmachtssoldaten im Osten wurden. Psychische Probleme
konnten Fahnenflucht auslösen oder ein Übermaß an Schikanen
durch Vorgesetzte. Bei vielen Deserteuren hat aber wohl das
politische Motiv eine wichtige Rolle gespielt: Zu ihnen muss
man auch diejenigen rechnen, die schließlich von der Sinnlosigkeit des Krieges überzeugt waren und ihn nicht mehr verlängern
wollten. Sie legten es darauf an, in Gefangenschaft zu geraten.
In der letzten Phase des Krieges geschah dies mit steigender
Tendenz. Andere, insbesondere Angehörige von Straf- oder
«Bewährungs»-Einheiten, liefen in Kompaniestärke zum Geg-

ner über oder schlossen sich dem Widerstandskampf nationaler Befreiungsbewegungen an.

So machte es etwa Ludwig Gehm, der als Mitglied des Internationalen Sozialistischen Kampfbundes (ISK) ab 1933 vier Jahre lang politischen Widerstand geleistet hatte. Deshalb war er ins Zuchthaus und dann ins KZ gekommen. 1943 wurde er in Buchenwald für das berüchtigte Strafbataillon 999 rekrutiert. In Griechenland desertierte er – wie viele seiner Kameraden – und schloss sich griechischen Partisanen an, mit denen er gegen die Wehrmacht kämpfte. Die anschließende britische Kriegsgefangenschaft bis 1947 blieb ihm deswegen freilich nicht erspart.

13. Der 20. Juli 1944

Claus Schenk Graf von Stauffenberg war im Sommer 1944 37 Jahre alt, er galt als ausgezeichneter Offizier. Er stammte aus württembergischem Adel, sein Vater war Oberhofmarschall des Königs in Stuttgart gewesen. Der junge Stauffenberg hatte zum Stefan-George-Kreis gehört, ehe er 1926 in das Bamberger Reiter Regiment 17 eintrat. 1933 heiratete er Nina von Lerchenfeld und wurde Vater von zwei Töchtern und drei Söhnen. Anfänglich hatte der junge Offizier, der bis 1938 eine Generalstabsausbildung auf der Berliner Kriegsakademie absolvierte, Sympathien für den Nationalsozialismus. Seine militärische Karriere schloss Einsätze bei der Besetzung des Sudetenlandes, beim Überfall auf Polen und im Frankreichfeldzug ein. Anfang 1943 war Stauffenberg in der 10. Panzerdivision in Afrika eingesetzt. Er war im April 1943 schwer verwundet worden. Durch den Verlust eines Auges, der rechten Hand und zweier Finger der linken Hand war er erheblich behindert.

Am 1. Juli 1944 war der inzwischen zum Oberst beförderte Graf Stauffenberg zum Chef des Generalstabs beim Befehlshaber des Ersatzheeres, Generaloberst Fromm, ernannt worden. Das ermöglichte ihm, der seit Herbst 1943 zu den aktiven Gegnern des Nationalsozialismus im militärischen Widerstand gehörte, den Zugang zu Hitler anlässlich der Lagebesprechungen im Hauptquartier. Wenige Offiziere hatten diese Gelegenheit. Aus dem Kreis der Militäropposition war es nur Stauffenberg.

Erste Gelegenheiten zum Attentat, das seit langem geplant und mit einer Gruppe von oppositionellen Offizieren verabredet war, nutzte Stauffenberg nicht. Denn als er am 6., 11. und 15. Juli 1944 Vortrag bei Hitler auf dem Obersalzberg bei Berchtesgaden hielt, waren die beiden mächtigsten und gefährlichsten Männer nach Hitler, Reichsmarschall Hermann Göring und Reichsführer SS Heinrich Himmler, nicht anwesend. Sie sollten aber unbedingt gleichzeitig mit Hitler ausgeschaltet werden. Das Hauptquartier war inzwischen wieder nach Ostpreußen verlegt worden. Oberst von Stauffenberg war jetzt entschlossen, das Attentat auf Hitler unter allen Umständen zu begehen, um wenigstens ein moralisches Zeichen zu setzen. Dazu war er auch von seinen Freunden und Mitverschwörern ausdrücklich ermuntert worden.

Der Umsturz war präzise und seit langem vorbereitet. Der Entwurf einer Regierungserklärung, die von Ludwig Beck als provisorischem Staatsoberhaupt und Carl Goerdeler als Kanzler unterzeichnet werden sollte, war bereits ausgearbeitet. Sie sollte gleich nach dem gewaltsamen Sturz des Hitler-Regimes veröffentlicht werden. Das Original der Regierungserklärung ist verschollen, eine Rekonstruktion aus den Akten der Gestapo-Sonderkommission zum 20. Juli gibt Einblick in das Dokument. Es ist ein Zwölfpunkteprogramm, wie Deutschland nach dem Umsturz regiert werden sollte. An oberster Stelle standen für Beck und Goerdeler die «Wiederherstellung der vollkommenen Majestät des Rechts», im gleichen hohen Ton wurde die Rückkehr ins öffentliche Leben angekündigt, der Lüge der Kampf angesagt, die Freiheit des Geistes, der Meinungen, der Presse beschworen und eine Neuordnung der Verwaltung ohne Korruption angekündigt. Christliche Gesinnung wurde als Fundament gesitteter Staatlichkeit propagiert.

Beweggründe wie Ziele einer Regierung Beck/Goerdeler waren edel und in angemessener Sprache, wenngleich etwas weitschweifig formuliert, vorgetragen. Aber den Ernst der Lage verkannten im Sommer 1944 die Verfasser gründlich. Offensichtlich hatten sie von der Vereinbarung der Alliierten nie gehört, dass die bedingungslose Kapitulation Deutschlands das Kriegsziel der Antihitlerkoalition war. Denn im elften Punkt des Programms war zu lesen: «Aber noch ist Krieg. In ihm gebührt unser aller Arbeit, Opfer und Liebe den Männern, die das Vaterland verteidigen. Ihnen haben wir alles an seelischen und materiellen Werten zuzuführen, was wir irgend schaffen können. Mit ihnen stehen wir in Reih und Glied, aber nunmehr alle wissen, daß nur die zur Verteidigung des Vaterlandes und zum Wohle des Volkes notwendigen, nicht aber die der Eroberungssucht und dem Prestigebedürfnis eines Wahnsinnigen dienende Opfer verlangt werden, und daß wir diesen Krieg fernerhin mit reinen Händen, in Anstand, mit der Ehrenhaftigkeit, die jeden braven Soldaten auszeichnet, führen werden. Den bisherigen Opfern dieses Krieges gehört unsere volle Fürsorge. Verzärtelungen erwarten sie nicht, aber Liebe und Möglichkeit, aus ihrem Leben noch etwas Nützliches zu machen.»

Die Patrioten des 20. Juli machten sich Illusionen, wenn sie glaubten, sie könnten Hitlers Angriffs- und Eroberungskrieg im Osten unter veränderten Vorzeichen fortsetzen. Der als Vernichtungs- und Weltanschauungskrieg begonnene Feldzug ließ sich nicht in einen Krieg zur Verteidigung des Vaterlandes transformieren und er war nicht mehr in Einklang zu bringen mit den preußischen Soldatentugenden, die sie in Ihrem Programm heraufbeschworen. Auf die Kriegsverbrechen und Gräueltaten hinter der Front gingen die Verfasser der Regierungserklärung gleich im zweiten Programmpunkt (Wiederherstellung der Moral) ein: «Wir empfinden es als eine tiefe Entehrung des deutschen Namens, daß in den besetzten Gebieten hinter dem Rücken der kämpfenden Truppe und ihren Schutz mißbrauchend, Verbrechen aller Art begangen worden sind. Die Ehre unserer Gefallenen ist damit besudelt.» Mit solchen Formulierungen war aber auch eine Lebenslüge der Nachkriegszeit vorwegge-

nommen, nämlich die Vorstellung, dass die ehrenhaft kämpfende
Wehrmacht mit den Verbrechen nichts zu tun gehabt habe, dass
diese vielmehr ausschließlich der SS, Sicherheitspolizei und SD
sowie deren Gefolge zur Last fielen. Diese Vorstellung hatte bis
zu den Wehrmachtsausstellungen der 1990er Jahre Entlastungs-
funktion.

Um das Land nach dem befreienden Attentat auf den Diktator unter Kontrolle zu bekommen, entwarfen General Friedrich
Olbricht, der seit März 1940 Chef des Allgemeinen Heeresamtes beim Oberkommando des Heeres war, mit Stauffenberg
und dessen Freund Albrecht Ritter Mertz von Quirnheim den
Operationsplan «Walküre». Er basierte auf einem bereits vor-
handenen Plan zur Niederwerfung eines etwaigen Aufstandes
ausländischer Zwangsarbeiter. Ein Netz aus vertrauenswür-
digen Offizieren in den wichtigen militärischen Schaltstellen
wurde geknüpft.

Am frühen Morgen des 20. Juli 1944 flog Oberst Stauffenberg vom Militärflugplatz Rangsdorf südlich von Berlin nach
Rastenburg in Ostpreußen, in dessen Nähe eines der Haupt-
quartiere Hitlers lag. Stauffenberg war zum Vortrag beim «Führer» bestellt. Er gehörte zu den Offizieren, die nach anfänglicher
Zustimmung zu Kritikern des Nationalsozialismus geworden
waren, deren Opposition zum Widerstand gewachsen war, die
einen Ausweg aus den Verbrechen des NS-Regimes suchten.
Dazu, das war ihre Überzeugung, musste zuerst der Diktator
ausgeschaltet werden. Das Führerhauptquartier «Wolfsschanze»,
ein Komplex aus Bunkern und Baracken, einsam gelegen, gut
getarnt und durch drei Sperrkreise hermetisch gesichert, war für
gewöhnliche Sterbliche unerreichbar.

Am 20. Juli sollte die entscheidende Tat, der Tyrannenmord
als Auftakt des politischen Umsturzes, unbedingt geschehen,
denn Zeit war nicht mehr zu verlieren. Die Zweifel, ob die Beseitigung Hitlers überhaupt noch einen Sinn habe angesichts des
verlorenen Krieges, hatte Generalmajor Henning von Tresckow,
einer der Verschwörer, zerstreut. Das Attentat müsse jetzt auf
alle Fälle erfolgen, beschwor er Stauffenberg, koste es was es
wolle: «Denn es kommt nicht mehr auf einen praktischen

Zweck an, sondern darauf, daß die deutsche Widerstandsbewegung vor der Welt und vor der Geschichte den entscheidenden
Wurf gewagt hat.»

Im Bewusstsein, möglicherweise eine nur noch symbolische
Tat auszuführen, flog Stauffenberg in Begleitung seines Adjutan-
ten, des Oberleutnants Werner von Haeften, am 20. Juli 1944 zur
Wolfsschanze nach Ostpreußen. Himmler und Göring waren
zwar wieder nicht anwesend, aber darauf wollten die Verschwörer keine Rücksicht mehr nehmen. Die Lagebesprechung war für
12.30 Uhr angesetzt. Stauffenberg schärfte in einem Aufenthalts-
raum eine der beiden mitgebrachten Bomben (wegen seiner Be-
hinderung konnte Stauffenberg keine Schusswaffe für das Attentat verwenden). Er brachte sie in die Lagebaracke und stellte dort
die Aktentasche mit dem Sprengsatz in der Nähe Hitlers unter
dem massiven eichenen Kartentisch ab. Er verließ unter einem
Vorwand den Raum. Zehn Minuten später, gegen 12.42 Uhr, explodierte die Bombe. Stauffenberg und Haeften, die die Detona-
tion beobachtet hatten und von Hitlers Tod überzeugt waren,
konnten gerade noch das Sperrgebiet verlassen und das wartende
Flugzeug erreichen, das gegen 13.15 Uhr Richtung Berlin star-
tete. Dort, im Oberkommando des Heeres in der Bendlerstraße,
warteten die Verschwörer auf Nachrichten aus der Wolfsschanze,
um den Plan «Operation Walküre» auszulösen, mit dem sie über
die Wehrkreis-Befehlshaber die Kontrolle über Berlin und das
ganze Reichsgebiet erlangen wollten. Sie warteten zu lange und
sie hatten es vor allem versäumt, die Nachrichtenverbindungen
zur «Wolfsschanze» zu unterbrechen.

Stauffenberg traf gegen 16.30 Uhr in der Bendlerstraße ein
und versicherte, das Attentat sei geglückt, Hitler könne den Anschlag nicht überlebt haben. Generaloberst Fromm, der Befehlshaber des Ersatzheeres und damit ranghöchster Offizier in Berlin, der sich nur im sicheren Falle auf die Seite der Verschwörer
gestellt hätte, war aber nicht von Hitlers Tod zu überzeugen.
Die Offiziere des Widerstands verhafteten ihn deshalb und
erklärten, auf alle Rückfragen aus den Wehrkreiskommandos,
Hitler sei tot. Generaloberst Beck, der 1938 als Chef des Generalstabs des Heeres zurückgetreten war, und Generalfeldmar-

schall Erwin von Witzleben hätten die oberste Gewalt übernommen. An die Stelle Fromms trat Generaloberst Erich Hoepner, den Hitler 1942 entlassen hatte.

Aber aus dem Führerhauptquartier kamen andere Nachrichten, und als auch der Rundfunk berichtete, Hitler lebe, war die Sache des Widerstands verloren. Auch der Kommandeur des Berliner Wachbataillons, ein Major Remer, führte, nachdem Hitler selbst mit ihm telefoniert hatte, nur die Befehle aus Hitlers Hauptquartier aus und trug wesentlich zur Niederschlagung des Aufstandes bei. (Er wurde dafür zum General befördert und spielte später in der Bundesrepublik als unverbesserlicher Rechtsextremist bis zu seinem Tod in den 1990er Jahren eine unrühmliche Rolle). Am Abend des 20. Juli 1944 herrschte Klarheit: Hitler hatte das Attentat überlebt. Die Macht befand sich immer noch in den Händen des nationalsozialistischen Regimes.

Als am 20. Juli 1944 gegen 12.42 Uhr die Bombe im ostpreußischen Hauptquartier in Hitlers Lagebaracke «Wolfsschanze» explodierte, schien der militärische Widerstand am Ziel. Fünf der vierundzwanzig Anwesenden wurden getötet. Hitler aber war nur leicht verletzt worden.

In Prag, Paris und Wien waren die Gesinnungsgenossen der Verschwörer erfolgreicher – allerdings nur für kurze Zeit. Sie waren Herren der Lage und setzten SS-Führer fest. In Berlin brach der Widerstand – Zentrum waren die Diensträume des Oberkommandos des Heeres (OKH) im Bendlerblock – noch am Abend des 20. Juli zusammen. Kurz vor Mitternacht verhaftete Generaloberst Fromm, den hitlertreue Offiziere inzwischen wieder befreit hatten, die Spitzen des Widerstands. Den Generalen Beck und Hoepner gab er die Möglichkeit zum Freitod. Hoepner lehnte dies ab. Er wurde am 8. August vom Volksgerichtshof zum Tode verurteilt und hingerichtet. General Olbricht, der die «Operation Walküre» ausgelöst hatte, Stauffenberg, dessen Freund Mertz von Quirnheim und Stauffenbergs Adjutant von Haeften wurden nach Mitternacht des 20. Juli im Hof des OKH-Gebäudes erschossen. Auf Generaloberst Friedrich Fromm, der als Befehlshaber des Ersatzheeres die Schlüsselstelle in Berlin innehatte, den die Verschwörer am Nachmittag des 20. Juli verhaftet hatten, weil er sich für Hitler und gegen den Widerstand entschied, der die Verschwörer dann, als sich das Blatt gewendet hatte, hinrichten ließ, wartete kein besseres Schicksal. Hitler ließ ihn am anderen Tag festnehmen. Im März 1945 wurde Fromm «wegen Feigheit» zum Tode verurteilt und hingerichtet.

Hitler nahm schreckliche Rache an den Männern des Widerstands und ihren Familien. Im Reichssicherheitshauptamt, der Befehlszentrale der Gestapo, wurde eine «Sonderkommission 20. Juli» gebildet, in der bald 400 Beamte arbeiteten. In der «Aktion Gewitter» wurden Verdächtige gesucht und festgesetzt. Hitler hatte öffentlich die Losung ausgegeben, es handele sich bei den Verschwörern um eine «ganz kleine Clique ehrgeiziger Offiziere», aber die Ermittlungen machten deutlich, auf welche Größe der Widerstand im Militär, in bürgerlichen Gruppen, in der Arbeiterschaft angewachsen war. Der Diktator befahl die Diffamierung und Demütigung der Widerstandleistenden. Ehrengerichte stießen die Offiziere aus der Wehrmacht aus, damit «diese gemeinsten Kreaturen, die jemals den Soldatenrock» trugen, «dieses Gesindel» (Originalton Hitler) als Zivilisten verurteilt werden konnten. Sie sollten nicht «die ehrliche Kugel bekommen». Hitler wollte, «daß sie gehenkt werden, aufgehenkt wie Schlachtvieh». Er besprach persönlich die Prozedur mit den Richtern und Henkern, ließ die Hinrichtung von Kameramännern der Wochenschau filmen, um sie sich abends anzusehen.

Die Gestapo verhaftete in den Tagen nach dem 20. Juli Tausende von Regimegegnern. Anfang August begannen die Prozesse vor dem «Volksgerichtshof». Sie dauerten bis zum Zusammenbruch des NS-Regimes im Mai 1945. Die Justiz tat ihre Schuldigkeit, vom Präsidenten des Volksgerichtshofs Roland Freisler, der vor den gedemütigten Angeklagten tobte und schrie, bis zur Staatsanwaltschaft, die Angehörigen der zum Tode verurteilten Widerstandskämpfer die Kostenrechnung für die Bemühungen der Justiz übersandte. Sie enthielten in einem typischen Fall folgende Posten: Gebühr für Todesstrafe (300 RM), Postgebühr (1,84 RM), Kosten für Pflichtverteidiger (81,60 RM),

27 Tage Strafhaft (44,00 RM), Vollstreckung (158,18 RM), Porto für Übersendung der Kostenrechnung (0,12 RM).

Die genaue Zahl der Verurteilten ist nicht bekannt, Hunderte wurden Opfer der Rache Hitlers, sie sind auf grausame Weise hingerichtet worden. Viele ihrer Angehörigen, die nichts mit dem Umsturzversuch zu tun hatten, wurden in «Sippenhaft» genommen und kamen ins Gefängnis oder ins Konzentrationslager.

Hitler herrschte noch weitere neun Monate und neun Tage über Deutschland. Aber sein Herrschaftsgebiet wurde immer kleiner. Militärisch lag das Deutsche Reich in Agonie. Moralisch war es längst am Ende. Nur eine kleine Minderheit hatte – spät genug – versucht, den Diktator zu beseitigen, Widerstand zu leisten in der Erinnerung an Freiheit und Rechtsordnung, Menschenwürde und mit der Vision eines anderen Deutschland als das, welches die Nationalsozialisten mit beispiellosen Verbrechen besudelt hatten. So war Stauffenbergs Tat doch eine notwendige symbolische Geste gewesen, die als Erinnerung Legitimation stiftete für den Neubeginn nach der Befreiung Deutschlands von außen.

14. Wahrnehmung und politische Instrumentalisierung des Widerstands nach 1945

Widerstand gegen die nationalsozialistische Herrschaft hatten Deutsche aus politischer oder religiöser Überzeugung geleistet, aus Einsicht in die Verderben bringende Natur des Regimes, aus Entsetzen und Scham über die Verbrechen, die von Staats wegen begangen wurden, aus Anstand und Mitleid mit den Opfern und aus anderen Motiven. Die Erinnerung an den Widerstand bekam früh einen festen Platz in der politischen Kultur der Bundesrepublik Deutschland und ebenso in der DDR. Freilich hatten die Bürger der beiden deutschen Staaten, die auf den Trümmern des Deutschen Reiches und belastet vom nationalsozialistischen Erbe gegründet waren, ganz unterschiedliche Bilder vom Widerstand.

Im Westen wurde das Andenken an die Opposition, die konservative Angehörige der militärischen, bürokratischen und politischen Eliten gegen das NS-Regime geleistet hatten, frühzeitig als identitätsstiftend für die Nachkriegsgesellschaft erkannt. Zunächst und bis in die 1970er Jahre ausschließlich wurde vor allem die Erinnerung an den Widerstand der Männer des 20. Juli, des Kreisauer Kreises, der Goerdeler-Gruppe, aber auch der Studenten der Gruppe «Die Weiße Rose» und der Militäropposition oder der Diplomaten zum Bestandteil der politischen Kultur der Bundesrepublik.

Stilbildend und richtungweisend für die westdeutsche Perspektive war der Historiker Hans Rothfels, der 1934 als Jude seine Professur in Königsberg verloren hatte und 1939 über Oxford in die USA emigriert war. Das Prestige des Lehrstuhlinhabers in Providence und Chicago, ein für deutsche Emigranten seltenes Privileg, nutzte Rothfels 1947 für einen Vortrag «The German Oppsition to Hitler», der im Folgejahr als Buch erschien, 1949 erstmals auch in deutscher Sprache. Darin wurde das Bild vom «anderen Deutschland» wirkungsmächtig gezeichnet. Der ursprünglich deutschnationale Historiker Rothfels nahm 1951 einen Ruf als Ordinarius für Neuere Geschichte in Tübingen an, wurde Mentor des Instituts für Zeitgeschichte in München und einflussreich als Nestor der jungen historischen Disziplin. Er nutzte seine moralische Autorität und die Möglichkeiten als Herausgeber der Vierteljahrshefte für Zeitgeschichte, um den Nimbus des Widerstands konservativer Eliten zu begründen und mit nachhaltiger Wirkung zu pflegen.

Einflussreich für die Rezeption des Widerstands waren auch die Bücher des Historikers Gerhard Ritter («Carl Goerdeler und die deutsche Widerstandsbewegung», 1956) oder Fabian von Schlabrendorffs («Offiziere gegen Hitler», 1946) oder von Inge Scholl über die Weiße Rose (1952). Aus ihrer Nähe zum Geschehen leiteten die Verfasser der frühen Widerstandsliteratur den Deutungsanspruch ab, der ihnen selbstverständlich schien und ihnen von ihren Lesern auch zugebilligt wurde. Als Wertegemeinschaft fanden sich Angehörige und Nachkommen der Männer des 20. Juli zusammen, um die Erinnerung an diesen lange Zeit als zentral empfundenen Aspekt des Widerstands wachzuhalten. Der Buchtitel «Aufstand des Gewissens» war Ausdruck einer Haltung, die als Widerstand vor allem und teilweise ausschließlich die späte Opposition konservativer Eliten verstand. Folgerichtig wurde vor allem dieser Widerstand, der im Attentat des Grafen Stauffenberg auf Hitler am 20. Juli 1944 seinen Höhepunkt hatte, auf Gedenkfeiern beschworen, in der politischen Bildung präsent gehalten, in Schulen thematisiert. Der Widerstand der Kommunisten und linksintellektueller Antifaschisten, die stille Opposition der kleinen Leute sozialdemokratischer oder katholischer Überzeugung, die Verweigerung der Zeugen Jehovas gegenüber dem Regime wurden dagegen mindestens in den ersten beiden Jahrzehnten der Bundesrepublik gering geschätzt, ja weithin negiert.

Ebenso lange brauchten Historiker bis zur ersten Publikation über Georg Elser, den schwäbischen Schreinergesellen, der am 9. November 1938 mit einem perfekt geplanten Sprengstoffanschlag Hitler, Göring und Goebbels hatte beseitigen wollen. Wenig beachtet erforschte der Archivar des Münchner Instituts für Zeitgeschichte Anton Hoch die Geschichte des Hitlerattentäters, dessen Anschlag die Nationalsozialisten dem britischen Geheimdienst und dem abtrünnigen Hitleranhänger Otto Strasser in die Schuhe geschoben hatten. Über das Erscheinen des Aufsatzes in den Vierteljahrsheften für Zeitgeschichte 1969 hinaus war die NS-Version verbreitet, es habe im Münchner Bürgerbräukeller ein paar Tote und Verletzte und im Deutschen Reich 60 Millionen Verkohlte gegeben, wenn man den Namen Elser überhaupt kannte. Ein anderer Historiker aus dem Institut für Zeitgeschichte, Lothar Gruchmann, publizierte 1970 das Vernehmungsprotokoll des «Attentäters aus dem Volke». Aber erst mit dem Film «Georg Elser – Einer aus Deutschland», in dem Klaus-Maria Brandauer 1989 den Schreinergesellen verkörperte, fand Elser einen Platz in der öffentlichen Wahrnehmung der Geschichte des Widerstands.

Das Attentat im Münchner Bürgerbräukeller, das wegen eines

trivialen Zufalls scheiterte, blieb wegen der Alleintäterschaft Elsers – «ein Mann aus dem Volke» wollte aus individuellen ethischen Erwägungen den Diktator und seine gefährlichsten Helfer töten, um Krieg und nationalistische Expansion zu verhindern – lange Zeit im Odium des Dubiosen. Es sei eine Inszenierung der Nationalsozialisten, ein Propagandatrick gewesen, mutmaßten viele. Das blieb auch in der Nachhitlerzeit die bequemere Version, weil sie das Nachdenken über den späten Start der Opposition der konservativen Eliten ersparte. Warum brauchten die Beamten und Diplomaten, die Gelehrten und Bildungsbürger so viel länger, um den Unrechtscharakter des Regimes im Inneren und seine Aggressivität nach außen zu erkennen als der Einzelgänger Elser, warum wurde der Widerstand von Kommunisten und Sozialisten, der schon vor der «Machtergreifung» einsetzte, von der bürgerlichen Gesellschaft ignoriert? Gewiss nicht wegen des wirkungslosen Aktionismus, den die KPD-Führung ohne Rücksicht auf Menschenleben praktizierte, eher wegen der ideologischen Gegenposition, die auch nachträglich keine Gemeinsamkeit im Kampf gegen die NS-Diktatur anerkennen wollte. Beim Streit um das Geschichtsbild dauerte der Kalte Krieg länger als in der Realität der beiden deutschen Nachkriegsstaaten.

Bezeichnend für Sichtweisen des Kalten Krieges war ein skandalöser Protest konservativer Eliten in der Bundesrepublik im Jahr 1978 gegen Herbert Wehner. Er sollte die Gedenkrede zum 20. Juli halten, wofür er als Widerstandskämpfer mehr als andere prädestiniert war. Der prominente Bonner Sozialdemokrat war in der NS-Zeit aber Kommunist gewesen, was ihn in den Augen strenggläubiger Anhänger der Totalitarismustheorie delegitimierte. Der Protest gegen den Hitlergegner Wehner war ein peinliches Indiz eingeschränkter Weltsicht und daraus resultierender Deutung von Widerstand.

Wortführer gegen Wehner war ein Sohn des Grafen Stauffenberg, der CSU-Bundestagsabgeordnete Franz Ludwig Schenk Graf Stauffenberg. In der öffentlichen Debatte zwischen den Nachkommen des konservativen Widerstands und anderer Gruppen ergriffen die Schwester von Hans und Sophie Scholl

(Weiße Rose), ein Bruder Arvid Harnacks (Rote Kapelle) und der Sohn Adolf Reichweins (Kreisauer Kreis) die Partei Wehners und forderten ein der historischen Realität entsprechendes pluralistisches Verständnis des Widerstands. Bei dieser Gelegenheit erinnerten sich viele daran, dass vier Jahre zuvor Hans Filbinger, der frühere Ministerpräsident von Baden-Württemberg, im Reichstag zu Berlin als Festredner aufgetreten war. Damals war Unruhe entstanden, als er sich selbst zum Sympathisanten des Widerstands stilisierte. Die Stimmung steigerte sich zum Eklat, als ein Enkel Julius Lebers gegen die Person Filbingers und dessen Diktion protestierte. Die Politisierung des ritualisierten Gedenkens setzte sich fort, als 1984 Heiner Geißler, damals Familienminister der CDU, den 20. Juli dazu benutzte, eine scharfe Attacke gegen den Pazifismus zu reiten.

In der DDR stand der Umgang mit der nationalsozialistischen Vergangenheit im Zeichen der ausschließlichen Heroisierung des kommunistischen Widerstands, der in den Nationalen Mahnund Gedenkstätten, in Traditionskabinetten und Museen, durch Denkmäler und durch Widmungen von Straßen und Plätzen Ausdruck fand. Ein ritualisierter Antifaschismus-Begriff fügte die KPD und einzelne kommunistische Widerstandsgruppen in ein Gesamtbild ein, in dem es nur eine einzige Gegenkraft zum Nationalsozialismus gegeben hatte, nämlich die in die SED einmündende kommunistisch dominierte Arbeiterbewegung. Der zum antifaschistischen Mythos stilisierte Widerstand wurde sowohl für das eigene Geschichtsbild wie zur Abgrenzung gegen die Bundesrepublik instrumentalisiert.

Folge deutscher Teilung waren auch die einander entgegengesetzten Geschichtsbilder. In der DDR wurden kommunistische Widerstandskämpfer geehrt, von denen der Bundesbürger im Westen nie gehört hatte. Dagegen war im Osten vom Kreisauer Kreis und vom Goerdeler-Kreis, die in der Bundesrepublik als Inkarnation des Widerstands schlechthin gefeiert wurden, kaum die Rede. Gedachte man im Westen der Münchener Studenten der «Weißen Rose», die 1942 unter dem Fallbeil starben, weil sie in Flugblättern Auflehnung gegen das NS-Regime gefordert hatten, so war in Ostdeutschland die Herbert-Baum-Gruppe der Inbegriff jugendlicher Opposition (wobei wiederum die Tatsache, dass eine ganze Reihe dieser jungen Berliner Arbeiter Juden waren, weniger Erwähnung als ihre kommunistische Gesinnung fand). In einer Geschichtskultur, die an historischer Gerechtigkeit orientiert ist und objektiven Kriterien folgt, muss natürlich Raum sein für alle Strömungen des Widerstands gegen den Nationalsozialismus, für die aus bürgerlich-konservativer Wurzel wie dem 20. Juli ebenso wie für den «Internationalen Sozialistischen Kampfbund» und die anderen aus der Tradition der Arbeiterbewegung schöpfenden Widerstandsgruppen einschließlich der Kommunisten.

Das in der Sowjetunion agierende Nationalkomitee «Freies Deutschland» wurde in Westdeutschland lange Zeit nicht als Widerstandsorganisation anerkannt. In Ostdeutschland hingegen ist es als Inbegriff des «klassenübergreifenden» Widerstands gegen den «Hitlerfaschismus» verherrlicht worden. Beide Wertungen werden der Wirklichkeit aber nicht gerecht. Die Propagandatätigkeit des NKFD hatte nicht den politischen und sozialen Stellenwert, den ihr Historiker und Politiker in der DDR zumaßen, weil sie praktisch nichts bewirkte und das NKFD im Dienste der sowjetischen Kriegsführung schon 1944 kaum eine Rolle spielte. Es war aber wohl auch nicht nur als Landesverrat zu bewerten, aus der Kriegsgefangenschaft heraus für den Sturz des NS-Regimes zu arbeiten, um weiteren Hunderttausenden das sinnlose Hingeschlachtetwerden wie in Stalingrad zu ersparen.

Der Streit um das Geschichtsbild drängte das eigentliche Problem in den Hintergrund: Warum leisteten so wenige Widerstand, warum regte sich die Opposition gegen das Hitlerregime so spät und warum war sie so wenig erfolgreich? Für viele Deutsche ergab sich aus der Überlagerung von NS-Diktatur und Krieg am Ende ein Zwiespalt, dem sie auch nach dem Zusammenbruch der NS-Herrschaft nicht entrinnen konnten. Sie steckten im Dilemma, einerseits Kritik am Nationalsozialismus und Ablehnung des Regimes und seiner Methoden zu empfinden, aber andererseits waren sie von Pflichtbewusstsein und dem Gefühl durchdrungen, vor allem anderen den äußeren Feinden und Gefahren standhalten zu müssen. Den Soldaten und Beamten und den meisten anderen «Volksgenossen», auch manchen «Parteigenossen», war es am Ende des «Dritten Reiches» wohl klar, dass es ein Unrechtsstaat war, dem sie dienten. Sie wussten, dass Hitler den Zweiten Weltkrieg ausgelöst hatte, dass grauenhafte Verbrechen begangen wurden, aber sie sahen es trotzdem als ihre erste Pflicht, das Vaterland gegen die feindlichen Armeen zu verteidigen. Sie meinten, sich erst nach außen wehren zu müssen, ehe sie im Inneren Änderung schaffen durften.

Bei vielen hinderte aber auch die Begeisterung der ersten Jahre unter NS-Herrschaft die Einsicht, dass Notwehr im Inneren das erste Gebot gewesen wäre. Die zaghaften Versuche dazu blieben erfolglos, weil diese Einsicht der Mehrheit zu lange Zeit fehlte. Deshalb nutzten auch die Appelle des Dichters Thomas Mann nichts, der seit 1941 die Deutschen in regelmäßigen Rundfunksendungen über BBC London beschwor, der Welt das Zeichen zu geben, das sie vor dem Makel des Versagens bewahren sollte.

Wenn die Mehrheit aus der Haltung begeisterter Zustimmung allmählich in einen Zustand von Resignation verfiel, aber trotzdem dem Regime in unreflektierter Ergebenheit treu blieb, so hat sich doch eine nicht unbeträchtliche Minderheit dem Regime dauerhaft verweigert und andere haben aus der Opposition zum bewussten Widerstand gefunden, zu einem Widerstand mit dem politischen Ziel der Beseitigung der nationalsozialistischen Diktatur. Im äußeren Sinne blieb dieser Widerstand erfolglos, die NS-Herrschaft brach erst mit der militärischen Niederlage zusammen. Für den Neubeginn nach dem Zusammenbruch, für eine auf Humanität, Recht und Demokratie gegründete Staats- und Gesellschaftsordnung nach Hitler gehörte der Widerstand als Beispiel politischer Moral, unter welcher ideologischen Prämisse oder sozialen Voraussetzung er auch geleistet wurde, zu den wichtigen sinnstiftenden Ereignissen der deutschen Geschichte.

Literatur

Klaus Achmann, Hartmut Bühl, 20. Juli 1944. Lebensbilder aus dem militärischen Widerstand, Hamburg 1999.

Felicitas von Aretin, Die Enkel des 20. Juli 1944, Leipzig 2005.

Aufstand des Gewissens. Der militärische Widerstand gegen Hitler und das NS-Regime 1933, hrsg. vom Militärgeschichtlichen Forschungsamt, Herford/Bonn ³1987.

Detlef Bald, Die «Weiße Rose». Von der Front in den Widerstand, Berlin 2004.

Ulrich Baumann/Magnus Koch/Stiftung Denkmal für die ermordeten Juden Europas (Hrsg.), «Was damals Recht war ...» Soldaten und Zivilisten vor Gerichten der Wehrmacht, Berlin 2008.

Gerhard Beier, Die illegale Reichsleitung der Gewerkschaften 1933–1945, Köln 1981.

Wolfgang Benz (Hrsg.), Selbstbehauptung und Opposition. Kirche als Ort des Widerstandes gegen staatliche Diktatur, Berlin 2003.

Günter Brakelmann, Der Kreisauer Kreis. Chronologie, Kurzbiographien und Texte aus dem Widerstand, Münster 2003.

Günter Brakelmann, Helmuth James von Moltke 1907–1945, München 2009.

Wilfried Breyvogel (Hrsg.), Piraten, Swings und Junge Garde. Jugendwiderstand im Nationalsozialismus, Bonn 1991.

Georg Denzler, Widerstand ist nicht das richtige Wort. Katholische Priester, Bischöfe und Theologen im Dritten Reich, Zürich 2003.

Georg Denzler/Volker Fabricius, Christen und Nationalsozialisten. Darstellung und Dokumente, Frankfurt a. M. 1993.

Antje Dertinger, Der treue Partisan. Ein deutscher Lebenslauf: Ludwig Gehm, Bonn 1989.

Joachim Fest, Staatsstreich. Der lange Weg zum 20. Juli, Berlin 1994.

Kurt Finker, Der 20. Juli 1944 und die DDR-Geschichtswissenschaft, Berlin 1990.

Manfred Gailus (Hrsg.), Kirchliche Amtshilfe. Die Kirchen und die Judenverfolgung im «Dritten Reich», Göttingen 2008.

Detlef Garbe, Zwischen Widerstand und Martyrium. Die Zeugen Jehovas im «Dritten Reich», München 1993.

Hermann Graml (Hrsg.), Widerstand im Dritten Reich. Probleme, Ereignisse, Gestalten, Frankfurt a. M. 1984 (1994).

Alexander Groß, Gehorsame Kirche – ungehorsame Christen im Natio-

nalsozialismus. Mit einem Nachwort von Heinrich Missalla, Mainz
2000.

Lothar Gruchmann, Autobiographie eines Attentäters. Johann Georg Elser.
Der Anschlag auf Hitler im Bürgerbräu 1939, Stuttgart 1989.

Wolf Gruner, Widerstand in der Rosenstraße. Die Fabrik-Aktion und die
Verfolgung der «Mischehen» 1943, Frankfurt a. M. 2005.

Lina Haag, Eine Handvoll Staub – Widerstand einer Frau 1933 bis 1945.
Autobiografie, Frankfurt a. M. 81995 (zuerst Lauf bei Nürnberg 1947).

Theodore S. Hamerow, Die Attentäter. Der 20. Juli – von der Kollaboration
zum Widerstand, München 1999.

Eugen Herman-Friede, Für Freudensprünge keine Zeit. Erinnerungen an
Illegalität und Aufbegehren 1942–1948, Berlin 1991.

Anton Hoch/Lothar Gruchmann, Georg Elser: Der Attentäter aus dem
Volke. Der Anschlag auf Hitler im Münchner Bürgerbräu 1939, Frankfurt a. M. 1980.

Peter Hoffmann, Widerstand – Staatsstreich – Attentat. Der Kampf der
Opposition gegen Hitler, München 41985.

Peter Hoffmann, Widerstand gegen Hitler und das Attentat vom 20. Juli
1944, Konstanz 1994.

Peter Hoffmann, Stauffenberg und der 20. Juli 1944, München 1998.

Peter Hoffmann, Carl Goerdeler gegen die Verfolgung der Juden, Köln
2013.

Lexikon des Deutschen Widerstandes, hrsg. von Wolfgang Benz und Walter
H. Pehle, Frankfurt a. M. 1994.

Lexikon des Widerstandes 1933–1945, hrsg. von Peter Steinbach und
Johannes Tuchel, München 1994.

Richard Löwenthal/Patrik von zur Mühlen (Hrsg.), Widerstand und Verweigerung in Deutschland 1933 bis 1945, Bonn/Berlin 1982.

Arno Lustiger, Zum Kampf auf Leben und Tod! Vom Widerstand der Juden
in Europa 1933–1945, Erfstadt 2004.

Klaus-Michael Mallmann/Gerhard Paul, Resistenz oder loyale Widerwillig-
keit? Anmerkungen zu einem umstrittenen Begriff, in: Zeitschrift für Geschichtswissenschaft 41 (1993), S. 99–116.

Winfried Meyer (Hrsg.), Verschwörer im KZ. Hans von Dohnanyi und die
Häftlinge des 20. Juli 1944 im KZ Sachsenhausen, Berlin 1999.

Helmuth James von Moltke, Briefe an Freya 1933–1945, München 2007.

Hans Mommsen, Alternative zu Hitler. Studien zur Geschichte des deutschen Widerstands, München 2000.

Gerhard Paul/Klaus-Michael Mallmann, Milieus und Widerstand. Eine
Verhaltensgeschichte der Gesellschaft im Nationalsozialismus, Bonn
1995.

Detlev Peukert, Die Edelweiß-Piraten. Protestbewegung jugendlicher Arbeiter im Dritten Reich, Köln 1988.

Gerhard Ritter, Carl Goerdeler und die deutsche Widerstandsbewegung,
Stuttgart 1956.

Stefan Roloff, Die Rote Kapelle. Die Widerstandsgruppe im Dritten Reich und die Geschichte Helmut Roloffs, München 2002.

Ger van Roon, Widerstand im Dritten Reich. Ein Überblick, München ⁵1990.

Hans Rothfels, Die deutsche Opposition gegen Hitler. Eine Würdigung, Krefeld 1949.

Hans Rainer Sandvoß, Die «andere» Reichshauptstadt. Widerstand aus der Arbeiterbewegung in Berlin 1933–1945, Berlin 2007.

Bodo Scheurig, Verräter oder Patrioten, Berlin 1993 (überarb. Neuausgabe).

Fabian von Schlabrendorff, Offiziere gegen Hitler, Zürich 1946.

Ferdinand Schlingensiepen, Dietrich Bonhoeffer 1906–1945, München 2006.

Michael Schneider, Unterm Hakenkreuz. Arbeiter und Arbeiterbewegung 1933 bis 1939, Bonn 1999.

Inge Scholl, Die weiße Rose. Erweiterte Neuausgabe, Frankfurt a. M. 1993 (erstmals 1952).

Solidarität und Widerstand. Themenheft Dachauer Hefte 7 (1991).

Peter Steinbach, Widerstand im Widerstreit. Der Widerstand gegen den Nationalsozialismus in der Erinnerung der Deutschen, Paderborn 1994.

Peter Steinbach, Johannes Tuchel, Georg Elser, Berlin 2008.

Fritz Stern, Elisabeth Stifton, Keine Gewöhnlichen Männer. Dietrich Bonhoeffer und Hans von Dohnanyi im Widerstand gegen Hitler, Müchen 2013.

Gerda Szepansky, Frauen leisten Widerstand: 1933–1945. Lebensgeschichten nach Interviews und Dokumenten, Frankfurt a. M. 1983.

Johannes Tuchel (Hrsg.), Der vergessene Widerstand. Zur Realgeschichte und Wahrnehmung des Kampfes gegen die NS-Diktatur, Göttingen 2005.

Gerd R. Ueberschär (Hrsg.), Der 20. Juli. Das «andere Deutschland» in der Vergangenheitspolitik, Berlin 1998.

Gerd R. Ueberschär, Stauffenberg und das Attentat vom 20. Juli 1944, Frankfurt a. M. 2004.

Widerstand in Deutschland 1933–1945. Ein historisches Lesebuch, hg. von Peter Steinbach u. Johannes Tuchel, München 1994.

Namensregister

C.H.BECK ■ WISSEN